BARBARA JOHNSON

CUANDO SUENE LA TROMPETA SUBIRÉ COMO UN COMETA

BETANIA

Un Sello de Editorial Caribe

CUANDO SUENE LA TROMPETA SUBIRÉ COMO UN COMETA

Betania es un sello de Editorial Caribe,
Una división de Thomas Nelson.

© 2000 Editorial Caribe
una división de Thomas Nelson, Inc.
Nashville, TN —Miami, Fl (EE.UU.)

E-Mail: editorial@editorialcaribe.com
www.editorialcaribe.com

Título del original en inglés:
He's Gonna Toot And I Gonna Scoot
©2000 por Barbara Johnson
Publicado por Word Publishing

Traductor: *Eugenio Orellana*

ISBN 0-88113-581-X

Impreso en EE. UU.
Printed in the U.S.A.

Este libro está cariñosamente dedicado a mi buen amigo Samuel J. Butcher, el talentoso creador de *Precious Moments*.

A través de su arte, su mensaje, y sus muchas creaciones, especialmente la hermosa Capilla *Precious Moments* y la impresionante «Fuente de los ángeles» de Carthage, Missouri, Sam comparte el evangelio con millones alrededor del mundo.

Es un honor para mí incluir en este libro varias de sus figuras como ilustraciones. Cuando hace poco visitamos la Capilla *Precious Moments*, Sam, copiando de sus originales, preparó estos dibujos especialmente para mí y para usted, lector. Justo cuando nos íbamos, Sam nos dijo que la noche anterior no había podido dormir por lo emocionado que estaba con este proyecto. (¡Nosotros tampoco habíamos podido dormir por toda la emoción de estar allí!) Cuando nos mostraba dos de las variaciones que había dibujado en la línea de «Este mundo no es mi hogar», que aparece arriba se veía tan entusiasmado como niño con juguete nuevo. Las dos adiciones son cosas de las cuales yo hablo mucho, pero que no aparecen en las figuras coleccionables. ¿Puedes encontrarlas? (la respuesta está en la página **179**.)

¡Gracias, Sam!

Contenido

Solo unos pocos días más y entonces,
subiré;
a una tierra donde el gozo jamás terminará,
subiré.[1]

¡Tenemos un pasaje
de ida al Paraíso!

Cuando Bill y yo nos mudamos hace algunos años a nuestra casa rodante en California, pronto descubrimos un problema potencial que habíamos pasado por alto durante las visitas previas a la compra. Tan pronto como el personal de mudanza se hubo ido y el polvo se asentó, se hizo gradualmente el silencio, excepto por el sonido de los aviones que volaban muy cerca. Descubrimos que estábamos justo bajo el corredor aéreo de los aviones que llegaban y salían del Aeropuerto Internacional de Los Ángeles.

Por un día o dos, pensamos que el ruido sería una verdadera molestia, pero no pasó mucho tiempo antes que dejáramos de sentirlo. Al fin, hasta me gustaba este aspecto de nuestro vecindario a pocas millas al este del aeropuerto. Por más extraño que suene, a veces disfruto permanecer fuera de casa por las noches viendo como se aproximan los aviones a una distancia de unas cinco millas el uno del otro. En ocasiones, cuando el cielo está despejado y puedo ver en línea las luces de cuatro, cinco o seis aviones hasta unas cuarenta millas de distancia, una gran cantidad de imágenes celestiales fluyen en mi mente.

En mi imaginación, aquellos aviones no son solo vehículos que transportan pasajeros de Boston o Bangkok; no son solo *jets* de carga que traen naranjas a Oakland o nueces a Peoria. Son aviones llenos de cristianos gozosos que vuelan más y más alto y que remontan los cielos de la noche hasta el cielo mismo.

Claro, no hay duda que es mi imaginación que inventa cosas. ¿Pero no es cierto que es una imagen estupenda? ¡Solo piensa en el gozo que esos aviones transportarían si cada uno estuviera repleto de cientos de cristianos rumbo al cielo! Por supuesto que es un cuadro hermoso. Lo opuesto a lo que llenó mi imaginación cuando hace algunos años me mudé por primera vez a California. Sufrí tanto al dejar Michigan, donde había crecido, que cada vez que veía un avión que cruzaba el espacio, me imaginaba que iba para Michigan. ¡Y yo también quería ir! Desde entonces, he conocido a muchas otras personas que también han deseado volver a su tierra, donde sea que esta estuviera: Kansas, Corea, Colorado o Cuba.

Ahora, cuando veo los aviones cruzando el cielo, de nuevo siento nostalgia. Pero no es Michigan lo que echo de menos. A estas alturas de mi vida, echo de menos mi VERDADERO hogar: el cielo. Parada fuera de casa en una noche de luna, imaginándome que todos esos aviones llevan cristianos al paraíso, mantengo en mi mente un cuadro de todas las maravillas que nos esperan allí, y antes de conocerlas, casi no resisto la emoción por las sorprendentes promesas de Dios. (Cuando mis vecinos me llaman para saber si me siento bien, les digo que estoy en prácticas de arrebatamiento.)

Una preocupación gozosa

Puede que sea simplemente un problema hormonal (después de todo, mi último libro se titula *Cuando se vive entre el estrógeno y la muerte*, pero últimamente me han absorbido

«PUEDES VOLAR»

completamente pensamientos acerca del cielo al punto que ha llegado a ser para mí una preocupación gozosa. He coleccionado una cantidad de chistes, citas, historias de inspiración, ideas creativas, pasajes bíblicos, canciones cristianas e historietas divertidas sobre la vida eterna en el cielo. Una colección demasiado buena para no compartirla con otros. Y la prueba que esta editorial pareciera estar de acuerdo conmigo la tienes en estos momentos en tus manos.

Este libro pretende ser un recordatorio gozoso de la maravillosa vida que nos espera en el cielo. En estas páginas espero que encuentres aliento (una palabra que significa «llenar el corazón») cuando tengas que enfrentar problemas, renovación cuando te encuentres sumido en abatimiento espiritual, cuando pienses que nunca más volverás a reír. Este es un libro que espero, confirme en cada cristiano las palabras de aquella preciosa canción:

> Yo iré allá arriba un día de estos,
> Y allá arriba estaré para siempre;
> Sobre las nubes y más allá del cielo azul,
> Allí donde nadie se enferma ni muere
> Donde me reuniré con mis seres queridos,
> Yo iré allá arriba un día de estos.[2]

Este es un libro que también mostrará a los no cristianos lo que se están perdiendo. Como alguien dijo, si tú quieres vivir en la casa del Padre tienes que hacer tu reservación con tiempo.

Además de esta introducción, encontrarás aquí siete capítulos, porque siete es el número perfecto, y el cielo es un lugar perfecto. Las historias, citas y mensajes inspiracionales las he agrupado un poco caprichosamente en torno a mis temas celestiales favoritos: música, campanas, coronas, mansiones, ángeles y herencias, además del divertido «irse volando» en que nos concentraremos en este primer capítulo.

Y así como mis demás libros, cada capítulo finaliza con una colección de chistes medio tontos y bromas, poemas absurdos e historias que me han hecho reír. Como cristianos, una de las cosas para la que somos los únicos que estamos calificados es para reírnos de la muerte, así es que espero que no te escandalices si nos burlamos un poco de la Siniestra, ahora y más adelante. Le llamaremos a las colecciones «Rompenubes» por algo que leí en alguna parte. Era un ensayo que describe las nubes como «aquellas penas ... que parecen disputarle el gobierno a Dios».[3] Pero Jesús «echó por tierra» esa idea cuando dijo que lo veríamos «viniendo sobre las *nubes* del cielo». Otro versículo de las Escrituras dice: «He aquí que viene con las *nubes*».[4]

Oswald Chambers dijo que en lugar de contradecir la presencia de Dios, las nubes en realidad son «una señal que Él está ahí». Él escribió que ellas son «el polvo de los pies de nuestro Padre».[5] Esa es una imagen que me hace reír. ¡Dios levantando polvo mientras da zancadas por los cielos! Y el pensamiento de que un día vamos a ser llevados al cielo, irrumpiendo a través de ese «polvo de nubes» ciertamente hace que mi corazón se ría. Mientras tal cosa no ocurra, espero que las pequeñas gemas al final de cada capítulo te mantengan sonriendo hasta que tu tiempo sobre la tierra haya llegado a su fin y salgas disparado para atravesar las nubes tú mismo.

La forma en que espero que sea

Una amiga una vez terminó una carta que me escribía con la frase: «Hasta que Él venga, o me vaya yo». Sin duda que muchos de nosotros estaríamos de acuerdo con el amigo de ochenta años de Joni Eareckson Tadao que, si bien ansiaba estar en el cielo, tenía la esperanza de estar vivo cuando viniera Jesús porque dijo: «No me gusta perderme una buena fiesta».[6] Como esta mujer, es probable que la mayoría de nosotros coincida con que la MEJOR manera de llegar al cielo sería si Jesús volviera estando nosotros vivos. Así podremos librarnos de la muerte, encontrarnos con nuestro Salvador en las nubes, y «divertirnos» con Él al entrar por las puertas del cielo. *Así me gustaría que fuera*, como lo describe ese viejo himno que dice:

¡Qué gozo! ¡Qué alegría!
Será irse sin ver muerte
Sin enfermedad, sin tristeza
Sin lágrimas ni terror.
Pasando entre nubes
Con Cristo a la gloria,
Cuando Él reciba a los suyos.[7]

Esta parte de la Segunda Venida de Cristo es lo que los eruditos bíblicos llaman el arrebatamiento. El apóstol Pablo dijo que ocurriría así:

Porque el Señor mismo con voz de mando, con voz de arcángel, y con trompeta de Dios, descenderá del cielo; y los muertos en Cristo resucitarán primero. Luego nosotros los que vivimos, los que hayamos quedado, seremos arrebatados juntamente con ellos en las nubes para recibir al Señor en el aire, y así estaremos siempre con el Señor.[8]

«GOZO AL MUNDO»

Usado con permiso de Samuel J. Butcher, creador de *Precious Moments*.

O como diríamos nosotros que no somos tan sofisticados en materia espiritual: «¡*Él tocará, y nosotros nos largaremos!*»

Mucha gente está diciendo que el día del toque y de la partida no está lejano. Como un escritor sugiere: «Según todas las indicaciones que podemos apreciar, el arrebatamiento parece cercano. Ciertamente cada día que pase hace que esté veinticuatro horas más cercano, y cada tendencia que se desarrolla apunta a su venida».[9]

En cuanto a mí, el arrebatamiento no puede suceder lo suficientemente rápido. ¡En este preciso momento estoy lista! Aunque en estos días parezca un poco distraída, no se debe a que me estoy poniendo vieja o senil (aun cuando mi próximo libro se titulará *Mojaditas de risa entre pañales de niña y pañales de anciana*). Es porque siempre mantengo un oído vuelto hacia el cielo, escuchando el sonido de aquella trompeta que anunciará el regreso de Cristo. Entonces será cuando saldré disparada a través de una nube.

¡Y nos habremos ido!

Piensa cómo será aquel día. Bueno, en realidad, no será un *día*. 1 Corintios 15.52 dice que ocurrirá «en un momento, en

*En un momento ...
en un abrir y cerrar de ojos ...*

1 Corintios 15.52

© Danny Loya

un abrir y cerrar de ojos». La trompeta va a sonar, y ¡pluf! Nos habremos ido.

Alguien me regaló una camiseta que da una idea de cómo será esa escena. Un par de zapatos de correr con pequeñas señales de un *jet* emergiendo de dentro de ellos y ascendiendo. Así ocurrirá con el dueño de esos zapatos cuando parta para el cielo.

Por supuesto, imaginarse la escena es una cosa, pero no tengo ningún interés en quedarme aquí para ver la escena personalmente. Esa clase de pesadilla se describe en la novela *Dejados Atrás*. El arrebatamiento ocurre poco después del comienzo de la historia y la gente que se ha quedado se siente desconcertada. El personaje principal es el capitán de un avión de pasajeros en un vuelo transatlántico cuando el jefe del personal de vuelo le dice: «¡No estoy loco! Véalo con sus propios ojos. Toda la gente del avión ha desaparecido»

«Está bromeando», replica el capitán. «Estarán escondidos por ahí, tratando de...»

«¡Rayos! Sus zapatos, sus medias, su ropa, todo ha quedado aquí. ¡Esta gente de verdad se ha ido!»[10]

¿QUIÉN SE VA A PONER TUS ZAPATOS?

Usado con permiso de Samuel J. Butcher, creador de *Precious Moments*.

Es cierto. En el cielo no vamos a necesitar nuestros zapatos terrenales porque allí, si el himno espiritual no se equivoca, andaremos por calles de oro en «zapatillas doradas».

Los zapatos de los marineros

Tales pensamientos me traen a la memoria el viaje que Bill y yo hicimos hace poco a Hawai. En Pearl Harbor visitamos el monumento al barco *Arizona*, hundido en 1941 durante el sorpresivo ataque que llevó a los Estados Unidos a entrar en la II Guerra Mundial. Ahora, la nave reposa en el fondo de la bahía, un triste monumento a los 1,177 hombres que murieron cuando se hundió.

En mi actual estado de fijación celestial, la parte de la historia del *Arizona* que más me conmovió fue un detalle que nos contó uno de los guías. Dijo que el contenido del inmenso navío había quedado intacto y que los buzos que recientemente visitaron la nave quedaron sorprendidos de encontrar, después de más de cincuenta años del desastre, que los zapatos de los marineros seguían allí, justo donde los hombres habían muerto. Algunos estaban debajo de las mesas donde los marineros habían estado jugando a las cartas. Otros estaban junto a las camas donde los hombres estaban durmiendo, o junto a las luces de señal de la nave donde hacían guardia. Esta descripción no pudo sino ayudarme a pensar que así ocurrirá con nosotros cuando volemos al cielo.

Hace poco alguien me contó una hermosa historia sobre zapatos en el cielo. En la historia, en el último minuto una apresurada mujer corre a una tienda a comprar regalos de Navidad. La tienda está repleta, las líneas para pagar son larguísimas y la paciencia de la mujer es cortísima.

Detrás de dos niños pequeños, empuja su carrito repleto hacia la caja. Al ver a la niña más pequeña con su cabello desgreñado y a su hermano mayor con la camisa sin dos botones, la mujer se pregunta dónde estará la madre. Los niños se sienten mareados de entusiasmo al examinar una y otra vez las cosas que llevan: un paquete con un par de zapatillas doradas para adulto.

Finalmente le llegó a los niños el turno de pagar, y el hermanito, probablemente de unos ocho o nueve años sacó una pelota de billetes de un dólar de su bolsillo. Los alisó sobre el mostrador de la caja. Eran cuatro. La cajera registró la compra y dio el total: seis dólares y treinta y seis centavos.

Los hombros del niño se aflojaron. Hundió de nuevo las manos en los bolsillos y logró sacar una moneda de diez centavos y otra de un centavo. Se produjo un tenso momento de silencio mientras el niño miraba a la cajera, quizás esperando que hubiese habido un error. «Necesitas dos dólares más y otras dos monedas de veinticinco centavos», le dijo, con toda frialdad.

«Lo siento, Lizzie», dijo el niño, empujando suavemente las zapatillas doradas hacia la cajera. «Tendremos que esperar un poco más. Habrá que ahorrar otro poco de dinero».

«Pero Jesús querrá estos zapatos», exclamó Lizzie, echándose a llorar.

La compradora, sacada abruptamente de su insensibilidad por el llanto de la niña, rápidamente evaluó la situación y buscó en su cartera. Sin decir una palabra, con una sonrisa extendió a la cajera tres dólares.

«¡Gracias, señora!», dijo el niño.

«¡Gracias, señora!», repitió la niña.

«Llevamos estos zapatos a mamá», explicó el niño. «Ella está muy enferma. Papá dice que pronto va a ir al cielo. Y dice también que el cielo tiene calles de oro y que Jesús está allí. Por eso queremos que mamá tenga estos zapatos. Pensamos que Jesús sonreirá cuando vea los zapatos de mamá porque serán muy parecidos a las calles de oro».

Imagínese a usted y sus seres queridos caminando por las calles de oro en zapatillas doradas. ¿No cree que sería algo digno de verse? Y si hay zapatillas doradas esperándonos en el cielo, seguramente no serán del tipo que venden las tiendas de descuento.

Lleno de esperanza por el dulce porvenir

Cosas tristes que nos pasan aquí en la tierra nos hacen anhelar aquel día cuando «nos reuniremos en aquella hermosa playa» en el «dulce porvenir», como el hermoso himno antiguo describe al cielo. La realidad del cielo nos sostiene en nuestras luchas terrenales y nos acerca más a Dios. Como Joni Eareckson Tada dijo:

> Sufrir acelera el corazón hacia el hogar.[11]

Para los cristianos, ¡*hogar* es *cielo*! Es nuestro hogar eterno tanto como nuestra esperanza perdurable.

La esperanza del cielo, el saber que un día disfrutaremos «eterna paz» significa que aquí en la tierra podemos enfrentar lo que sea mientras nos concentramos en el gozo que nos espera en el cielo. Abrazamos esa esperanza como un recordatorio en buenos y malos tiempos. Como escribe el salmista: «Mas yo esperaré siempre».[12]

Reunámonos en la puerta de perla

Un aspecto especialmente poderoso de nuestra esperanza celestial es saber que los seres queridos que han muerto no

Arte por Julie Sawyer, concepto por Rosemary Harris. © DaySpring® Cards

se han «ido» simplemente sino que «se han ido primero» para esperarnos allí. A menudo esta creencia es lo único que puede sostenernos mientras nos lamentamos por aquellos a quienes seguimos amando. ¡Esto es algo que sé por mi propia dolorosa experiencia!

Después que nuestro hijo Steve murió en Vietnam y nos enviaron sus cosas, encontramos en la chaqueta que había estado usando el día que murió una carta que yo le había escrito. El agua del sembrado de arroz donde cayó la había manchado, pero el beso que le había dibujado con un lápiz de labio estaba aun visible. Por lo general mis cartas a Steve estaban llenas de chistes o historias entretenidas sobre las últimas travesuras de sus tres hermanos. Pero algo (en realidad fue alguien) me impulsó a escribirle ese día una carta diferente. Decía:

> Steve, hoy siento una necesidad especial de reafirmar nuestra fe en la vida eterna y de estar preparados para reunirnos con Dios. Yo particularmente quisiera asegurarte que sea que estés aquí en casa en West Covina o allá en Vietnam sigues estando SEGURO en las manos de Dios ... y aun si tu vida tuviera que ser sacrificada por nosotros allá, AUN ASÍ, Steve, estás seguro en los brazos de Jesús...
>
> De alguna manera hoy quisiera poner todo esto en papel para que pienses en ello ... y que sepas que estamos orgullosos y agradecidos por ti, especialmente por tu fe en lo que también creemos, porque parece muy importante ahora.
>
> Si la muerte viniera a nosotros (a CUALQUIERA de nosotros) no haría sino acercarnos un paso más a Dios y a la eternidad, porque hemos puesto nuestra fe en Cristo Jesús.

Qué alivio nos produjo a Bill y a mí saber que esos pensamientos fueron lo suficientemente preciosos para Steve que desafió las órdenes de no llevar encima objetos personales, y metió la carta en su bolsillo aquella mañana que cayó en combate. Uno de sus amigos nos contó que después Steve había compartido la carta con él, él le dijo: «¡Oye, tienes que conservar esa carta!» Y eso fue lo que hizo.

Para nosotros, su muerte fue una pérdida terrible, igual que lo fue la muerte de nuestro segundo hijo Tim, cinco años después, en un choque de autos con un conductor borracho, cuando regresaba de Alaska. En ese tiempo tan terrible, otra carta nos consoló. Era una que Tim le había escrito a su novia en la que le hablaba de los maravillosos cambios que habían ocurrido en su vida mientras estuvo en Alaska. Había reconsagrado su vida al Señor, le decía, y anticipaba con ansias el don glorioso de Dios de la vida eterna.

«El tiempo es breve» escribió. Unos pocos días después, moría atropellado.

Por lo único que pudimos sobrevivir a la muerte de nuestros hijos fue el conocimiento que la salida de aquí tanto de Steve como de Tim fue la entrada gloriosa allá. Ahora nosotros acariciamos el conocimiento que ellos nos están esperando exactamente dentro de las puertas de perlas, nuestros depósitos en el cielo. Oh, cuán ansiosa es la espera para tan gloriosa reunión.

Volar al hogar

Mantener esta sólida creencia sobre la gloria que nos espera a nosotros y a nuestros seres queridos no solo nos capacita a los cristianos aquí en la tierra para soportar tiempos difíciles sino que también nos inspira para emprender cosas grandes. Por ejemplo, en 1928 el compositor Albert Brumley soñó con volar al cielo mientras trabajaba cosechando algodón. El resultado fue el sencillo himno clásico «Yo volaré» que abre este capítulo.

Es una canción sencilla como un mensaje poderoso, y ha sido reconocida como «la canción evangélica más grabada en la historia».[13]

Por supuesto, esta idea de volar al cielo no nació en la mente de Albert Brumley mientras cosechaba algodón, como tampoco fue original la idea que aterrizó en mi mente mientras observaba los aviones que volaban sobre mi cabeza junto al aeropuerto de Los Ángeles. Es una antigua imagen descrita en las Escrituras:

> Los días de nuestra edad son setenta años; y si en los más robustos son ochenta años, con todo, su fortaleza es molestia y trabajo, porque pronto pasan, y *volamos*.[14]

Al final de nuestras vidas aquí en la tierra, como cristianos, nuestras almas «volarán» al cielo. Cuando pensamos en «E.P.D.» grabado sobre la tumba de un cristiano, no podemos pensar en «descansa en paz» sino en «regocíjate en el paraíso».

Una emocionante historia me trae a la memoria esa promesa cuando el año pasado el avión del vuelo 111 de Swissair se accidentó en la costa de Nueva Escocia. Uno de los 229 pasajeros que murieron en el accidente fue Jonatán Wilson, un joven de veintidós años que se dirigía a Ginebra para trabajar con Juventud con una Misión, un ministerio que entrena jóvenes para trabajar en misiones alrededor del mundo. Las palabras de despedida que Jonatán dijo a su familia cuando dejó Florida pudieron más tarde tomarse con un doble significado que les recordaba a ellos que él había volado no a Europa sino al cielo. Él le había dicho a su familia que «estaría allí hasta que el Señor lo llamara al hogar».[15]

Esta notable historia prueba el punto de un pequeño recorte que alguien me hizo llegar recientemente. Para los no creyentes, es solo un chiste. Para los cristianos, es una verdad gloriosa.

> Cuando viaja en avión, el cristiano dice: «Si nos vamos para abajo, yo me voy para arriba».

Ahora sabemos que el joven Jonatán, y miles de otros niños y mamás y papás están allá arriba, regocijándose junto con Steve y Tim. Imaginarnos la reunión que tendremos un día en esa «tierra al otro lado del río que llamamos el dulce hogar para siempre»[16] trae lágrimas de gozo a mis ojos. Y me gusta pensar que los padres cristianos que han derramado tantas lágrimas de angustia aquí en la tierra podrán tener una aun capacidad aun más grande de regocijarse allá arriba. Como Randy Alcorn dijo: «Todos nosotros estaremos llenos de gozo en el cielo, pero algunos tendrán aun más debido a la capacidad que han desarrollado al confiar y obedecer a Dios en esta vida».[17] Qué consolador es saber que el vacío dejado por la pérdida de un ser querido será llenado en el cielo con «¡gozo, gozo, gozo, gozo en nuestros corazones!»

Cada vez que esta imagen viene a mi mente, recorren mi ser tales sentimientos de anticipación que me siento como un niño que espera ansioso la mañana de Navidad. ¡Casi no puedo esperar!

El tráfico al cielo va en aumento

Por supuesto, aun cuando esperamos que el Señor venga por nosotros, no hay forma de saber con certeza *cuándo* ocurrirá el arrebatamiento. Por eso, debemos estar preparados para irnos al cielo en cualquier momento, porque, como alguien dijo, la trompeta todavía no ha sonado, pero sin duda que el trompetero se está preparando.

Por esa razón (y unas cuantas más) no voy a hacer reservaciones con la compañía en Seattle que está vendiendo pasajes para un viaje en cohete en el año 2001. El anuncio en el periódico que describe esta loca aventura y que me envió una amiga que conoce de mis deseos de «volar» y que me sugirió que esta era una buena oportunidad) dice que el primer día en que empezaron a hacer las reservaciones, quince personas hicieron un depósito de cinco mil dólares por el vuelo de tres horas, el cual habría de costar finalmente cerca de cien mil dólares por persona.[18]

Mientras esos temerarios volarán sesenta y dos millas por sobre la tierra, el viaje que yo estoy soñando hacer me llevará mucho más lejos que eso. Me llevará a la misma eternidad. Pero una cosa tendremos en común, y esta será que ambos iremos hacia arriba. (Por supuesto, yo no quiero regresar como estos viajeros del cohete.)

Como no estamos realmente seguros dónde está en realidad el cielo, a menudo la Biblia se refiere a que está *arriba*. Eso produce uno de los «efectos colaterales» de pensar en las cosas celestiales. Cuando nos concentramos en el gozo que conoceremos en el cielo, nuestros pensamientos se vuelven al cielo, es decir, se elevan. Nuestra esperanza se fortalece y la vida aquí abajo se hace más llevadera.

Recientemente me encontré con esta historia sobre cómo los amigos de un doctor crearon para él un homenaje con este tipo de pensamientos:

> Un doctor que había dedicado su vida a ayudar a los pobres vivía en los altos de una tienda de comestibles en los arrabales más pobres de una gran ciudad. En la fachada de la tienda había un letrero que decía: «El Dr. Williams está arriba».
>
> Cuando murió, no tenía familia y no dejó dinero para sus funerales. Nunca había cobrado un centavo a las personas que venían a su consulta.
>
> Los amigos y pacientes del doctor reunieron suficiente dinero para sepultarlo, pero el dinero no les alcanzó para una lápida. Parecía que la tumba se quedaría sin inscripción cuando a alguien se le ocurrió una magnífica idea. Tomaron el letrero del frente de la tienda de comestibles y lo clavaron en la tumba. Constituyó un tremendo epitafio: *El Dr. Williams está arriba*».[19]

Mis amigos me contaban estas pequeñas historias sabiendo que cosas como estas que tocan mi corazón o me hacen reír son siempre bienvenidas en mi correo. Afortunadamente, ellos entienden que mi sentido del humor es un poco extraño. Esta es la razón por la que, al oírme quejarme contra el comportamiento de alguien que me dejó perpleja, un amigo me dijo sabiamente:

¡Barbara, algunas personas están vivas solo porque matarlas es ilegal!

Esperar, esperar, esperar...
Es cierto. Mientras esperamos que Dios nos lleve a casa, tenemos toda clase de problemas (y gente problemática) que enfrentar. Y para los impacientes, la espera es suficiente para que sea un motivo de disputa.

Todos enfrentamos las luchas con impaciencia. Hace poco, un artículo en un periódico se refería a la falta de paciencia, lo que ha llegado a ser un problema tal, que «no sería extraño que llegara a aparecer un programa de 12 pasos con el nombre de IA, Impacientes anónimos».[20] Algunas personas que conozco jamás comprarían comida refrigerada por no tener que esperar cinco minutos frente al horno de microondas.

El sur de California es uno de los lugares donde más paciencia hay que tener con el tráfico. La única cosa buena que para mí tiene ir en una supercarretera es que me da una buena excusa para dejar mi mente vagar. (Por supuesto, a veces vaga de tal manera que me deja sentada allí preguntándome para dónde voy y a dónde quería ir cuando salí de casa.)

Cada vez que me veo atrapada en el tráfico, o forzada a esperar, tomo una ruta diferente, es decir, ruta mental. Mis viajes mentales favoritos me llevan directo al cielo. Me gusta pensar cómo será cuando suene la trompeta y seamos sacados de aquí. ¿No es lindo pensar que aunque millones de nosotros volaremos para encontrarnos con Jesús en las nubes, no habrá congestión de tránsito en los cielos, no habrá filas ni problemas de automóviles con los cuales contender? Tales pensamientos nos dan la paciencia que necesitamos

Aquí estoy, esperando que me contesten . . .
esperando hablar con un ser humano . . .
esperando por el regreso del Señor . . .

me pregunto: ¿qué ocurrirá primero?

© Barbara Johnson

apegarnos a la primera parte del Salmo 27.14, mientras esperamos en la segunda parte:

> Esfuérzate, y aliéntese tu corazón;
> Sí, espera a Jehová.

Algunos dicen que nosotros no somos los únicos que tenemos que esperar. Dios también tiene una tremenda experiencia en cuanto a esperar. Cuando estamos pasando por problemas aquí en la tierra, tratando de luchar contra las pruebas que intentan bloquear nuestro camino, Él espera pacientemente que nos volvamos a Él. Observa nuestras historias y espera que reconozcamos su plan para nuestras vidas. Cuenta nuestras lágrimas y espera que vayamos a Él con nuestro llanto. Dios está con nosotros, dondequiera que estemos en la vida. Él es nuestro consuelo hoy, así como es nuestra esperanza del mañana. Un amigo me escribió: «Es extraño el camino que tenemos que andar. Está lleno de cumbres y valles. Pero como Dios está en ambos lugares, *caminamos sin temor*».

Frederick Buechner dijo: «Nuestras tribulaciones son tan ciertas como las chispas que saltan del fuego, pero también es cierto que estamos "en Cristo"... hasta el punto que ni las tristezas, ni las pérdidas, ni la muerte pueden movernos».[21] Y Billy Graham escribió: «No hay gozo más grande que la paz y la seguridad de saber que, cualquiera sea el futuro, uno está seguro en los brazos del Salvador».[22]

¿Qué podría ser mejor que saber que «descansamos en los brazos eternos» de Jesús? ¿Qué podría ser más alentador que recordar que el Todopoderoso que nos creó también nos ama, y que murió por nosotros? ¿Qué podría ser más gratificante que saber que el carpintero de Nazaret ha construido mansiones para nosotros en el cielo? Y que esos hechos inspiradores son solo una parte de la razón por la que el cielo será tan maravilloso. La verdadera razón es mucho más simple. Como lo escribió Charles Dickens:

Tú nunca podrás imaginar cuán buen lugar el cielo
es si no sabes quién fue Él y qué hizo por ti.

Las palabras de Dickens me recuerdan la *verdadera* razón por la que el cielo será tan glorioso: porque en el cielo estaremos con Jesús.

Cuando Cristo venga
con voz de aclamación
Y me lleve al hogar,
qué gozo tan grande llenará
mi corazón.

Entonces me inclinaré
en humilde adoración
Y allí proclamaré,
¡mi Dios, cuán grande es Él![23]

Rompenubes

Francamente, me satisface lo de arriba. Desde el mismo momento en que despierto en la mañana siento como que me elevo a las alturas.

Exactamente a las siete de la mañana, cierro la casa, echo a andar el auto y me apresuro para llegar a la oficina. Mientras trabajo observo ciertos hechos, hablo en alguna reunión o defiendo algún punto en el que creo. Sé que es imperativo para mí defender la verdad. Cuando el tiempo que se me ha asignado llega a su fin, ya he usado cada oportunidad para irradiar entusiasmo por la posición que sustento, entonces dejo que otros tomen su lugar.

Luego cierro con llave la oficina y me dirijo a casa para disfrutar la compañía de mi familia y cenar con todos los que tienen apetito.

Mi esposo dice que yo estoy demasiado cansada tratando de ir hacia arriba. Quisiera que me mantuviera en silencio y dejara de perturbar tanto. Yo lo intento, pero siempre cedo, una y otra vez.

Intentar ir hacia arriba realmente me está echando hacia abajo.

Ann Luna

Lee siempre libros que te hagan lucir bien si mueres en medio de su lectura.[24]

Epitafio en la tumba de un dentista:
Está tapando su última cavidad.[25]

© Bill Keane

Experiencia es algo que no consigues sino hasta
después que la necesitaste.[26]

Calcomanía en el parachoques de un auto: Cuando
hagas algo bueno, pide un recibo ... en caso de que
en el cielo haya que hacer declaración de impuestos.

En cierta ocasión el obispo Fulton Sheen andaba de compras en una tienda por departamentos. Se subió al ascensor en el piso quinto y presionó el botón del sexto. Antes que la puerta se cerrara, entró velozmente una mujer y mientras el ascensor subía, dijo: «No quería subir, sino ir para abajo».

Se volvió al obispo Sheen y agregó: «Nunca pensé que siguiéndolo a usted me extraviaría».

«Señora», replicó el obispo: «Yo solo llevo gente hacia arriba, no hacia abajo».[27]

Calcomanía en el parachoques de un auto:
¡Listo para el arrebatamiento!

Oh, si tuviera las alas de una paloma
Volaría hasta descansar.[28]

Un hombre recién sometido a una operación, cuando volvió de la anestesia, dijo: «¿Por qué están las persianas abajo, doctor?»

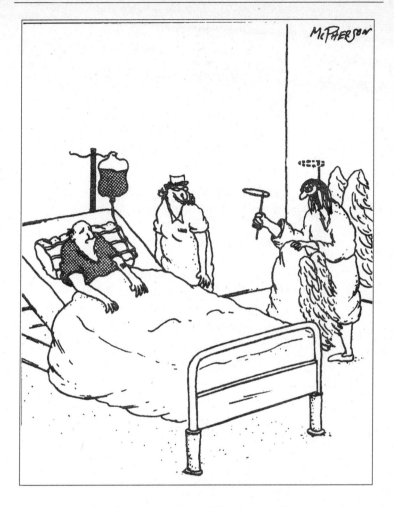

«Oye, Annette: ¡Ponle esto!
Él puede venir en cualquier momento».

«Hay un gran incendio al otro lado de la calle, y no queríamos que al despertar, creyera que la operación fue un fracaso».[29]

Bajo sus alas me siento seguro;
Aunque la noche sea oscura y la tempestad arrecie,
Puedo confiar en Él; yo sé que me cuidará;
Porque me ha redimido y soy su hija.

Bajo sus almas, bajo sus alas,
¿Lo que proviene de su amor puede ser malo?
Bajo sus alas mi alma estará segura,
Segura para siempre.[1]

Transportado por la música

Era aquella escena de *I love Lucy* [Yo amo a Lucy], donde Lucy trabaja en una fábrica de chocolates, llenando cajas de bombones y llenándose la boca de las «sobras» que quedan en la estera transportadora. En uno de mis primeros trabajos cuando era adolescente yo también trabajé frente a una estera transportadora. Pero en lugar de chocolates, era asaltada una y otra vez por una avalancha de pelotas de golf de la marca Walter Hagen.

Cuando mi compañera gritaba: «¡Allá van!» se abrían las fauces de un contenedor, vaciando sobre la cinta cientos de pelotas de golf. Mi trabajo consistía en atrapar aquellas bolas que se movían a la velocidad de la luz, irlas reuniendo rápidamente de docenas, ponerlas en las cajas como las que se usan para los huevos, y luego con la yema de los dedos moverlas de tal modo que cuando el cliente las abriera, se viera ante él la marca Walter Hagen. La gracia consistía en atrapar todas las bolas antes que se oyera el próximo grito de mi compañera y la estera se llenara de otra tanda de bolas.

Al principio, el trabajo era sencillamente agotador. Luego se hizo agotador + aburrido. A veces, mientras esperaba la próxima andanada de bolas, me sentía como uno de aquellos concursantes en el show del Gong, esperando nerviosamente que sonara el gong, o como el señor «Green Jeans» en *Capitán Canguro* cuando el terrible conejo Bunny le daba cada día una ducha de pelotas de pimpón. Pasé tanto tiempo tratando de agarrar aquellas escurridizas bolas de golf que me soñé nadando en un mar de bolas de naftalina. Y el nombre de Walter Hagen se me aparecía tantas veces que juré nunca en mi vida jugar al golf y jamás ponerle a un hijo, si llegaba a tenerlo, Walter. Habría sido mucho peor, supongo, si hubiese tenido que contar los hoyitos de las bolas. Una bola reglamentaria debe tener 336 hoyuelos.

La única cosa que me mantuvo en mi sano juicio mientras trabajé allí fue la música, sin duda un regalo del cielo. Como hija de pastor que por años había cantado «música especial» en los cultos de la iglesia, tenía mi gusto dirigido hacia las canciones cristianas. A la espera de la próxima andanada de bolas, cantaba: «Lluvias de bendición». De pie junto a la estera transportadora, tarareaba «Confiando en las promesas». Cuando agarraba las bolas antes que se «perdieran», entonaba «Trayendo las gavillas» y «Al rescate de los perdidos».

Para ser sincera, los himnos religiosos no eran las únicas melodías que venían a mi mente. A veces hacía sentir su presencia en mi cabeza un ritmo popular y lo cantaba una y otra vez el día entero. Desafortunadamente, el más persistente era una canción ridícula que decía: «Quédate con ella, yo no la quiero, es muy gorda para mí. Sí, es muy gorda para mí».

Atrapar bolas de golf fue solo uno de los trabajos «excitantes» que la música me ayudó a soportar. Otro trabajo que se podría ubicar bajo en status y alto en tedio fue cuando trabajé en una tienda de lavado en seco. Allí mi asignación consistía en quitar los botones de la ropa antes que esta fuera al lavado. Por aquellos días, los equipos para lavar la ropa no se habían perfeccionado para el manejo cuidadoso de los botones como ocurre hoy, lo que significaba que durante el proceso de lavado o se caían, se rompían o se derretían. Por esa razón los botones se quitaban, se metían en una pequeña bolsita que se engrapaba a la etiqueta de lavado. Una vez que la ropa estaba lavada, los botones se volvían a coser. En realidad, me alegro de haber sido la que los quitaba y no la que los cosía. La costura nunca ha sido mi don, y soy especialista en perder botones.

Cuando trabajaba allí, cantaba: «¿Qué me podrá lavar de mis pecados? ¡Solo de Jesús la sangre!» y «Haz lo que quieras, de mí Señor», especialmente aquella hermosa estrofa que dice: «Blanco más que la nieve, Señor, lávame ahora, para que en tu presencia me incline humildemente». Por supuesto, había también otras letras tontas que a veces «se me pegaban en la cabeza». Una de las peores era:

Bendita sea la corbata
Que aprieta el cuello de tu camisa.
Porque debajo de ese cuello
Hay una horrible mancha de mugre.

Tratárase de himnos o de tonadas populares, la música era mi campana salvadora a la que recurría para soportar aquellos trabajos tan aburridos. Y aunque juntar bolas de golf y quitar botones era tan tonto, ninguno de aquellos trabajos de verano se compara con lo que yo considero lo más bajo de lo bajo: poner presillas horizontales en archivos médicos.

Después que adquirí ciertas habilidades en cuestiones de trabajo y de tener otras vacaciones de verano en la universidad, me contrataron como secretaria del administrador de un hospital. Algunas personas me habían advertido que trabajar con ese jefe era realmente complicado y que varias secretarias habían renunciado en medio de lágrimas. Como yo parecía bastante versátil, tenía que preparar una carta noticiosa mensual para el hospital (allí posiblemente adquirí la experiencia para hacer lo que hago ahora), y mantener al

RAFAEL

«Muy bien. Piense profundo
y aguante».

administrador a prudente distancia de los médicos. Mi jefe era un perfeccionista reconocido por crear problemas.

Pero fuera cual fuera su problema, supuse que podría tolerarlo por un verano. La cuestión era que necesitaba un trabajo de buena paga para poder volver a la universidad en otoño. De modo que el primer día me vestí con mi mejor traje de secretaria del administrador de hospital y llegué temprano, para impresionarlo. Me dirigí a mi escritorio y puse una cinta nueva en mi máquina de escribir IBM. Estaba lista para ser la secretaria ideal.

Habían transcurrido solo unos minutos de ese primer día de trabajo cuando me llamó a su oficina para explicarme mis responsabilidades. Dijo que como era nueva allí, quería que comenzara arreglando sus archivos en la forma en que los tenía arreglados en el anterior hospital donde había trabajado. (Más tarde supe que había trabajado en varios hospitales y que de todos había salido de mala manera.)

De modo que mi primera asignación, que él quería que acometiera de inmediato, era tomar todos los archivos del administrador anterior y «corregir» todos los papeles que habían sido presillados con la presilla en forma diagonal en la esquina superior izquierda. Él quería que los volviera a presillar pero esta vez que la presilla corriera paralela al borde superior del papel. Para asegurarse que sus instrucciones serían seguidas al pie de la letra, me entregó varias cajas de presillas especiales de un diseño tipo zig-zag. No eran suaves como las que yo había usado siempre.

Aquello me pareció un poco ridículo, pero como era mi primer día de trabajo, estaba ansiosa de tener un buen comienzo, de modo que me apresuré a seguir sus instrucciones. Después que hube terminado, le llevé los archivos para que pudiera revisarlos. Los observó durante un minuto y luego me indicó otros cuatro cajones repletos de papeles que quería que volviera a engrapar. ¡Lo que quise hacer en ese momento fue presillarlo a él a la pared!

Pero estaba decidida a salir adelante, de modo que hice lo que me pidió ese día y los días siguientes, aunque la mayoría de mis asignaciones eran sencillamente ridículas. Era un reto tratar de satisfacer tales locuras, pero hacerlo me ayudó a disciplinarme y a hacer las cosas bien. En el proceso aprendí muchas cosas sobre mí, como por ejemplo, hasta dónde llegaba mi capacidad de aguante. Unos pocos meses después que el verano se acabara y cuando estaba en la universidad de nuevo, supe que el administrador estaba en otro hospital, pero esta vez no *contratado* sino *admitido*. Era un hospital para enfermos mentales. Al oír la noticia, di gracias a Dios por haber hecho bien mi trabajo, de modo que no se me podría culpar de haberlo mandado yo adonde estaba ahora. Y también di gracias a Dios de que la situación no hubiera sido al revés: que él me hubiera mandado a mí a un hospital siquiátrico.

También en ese trabajo traté de llenar mi cabeza con himnos cristianos que me confortaran. Pero debo admitir que muchas veces los himnos tenían títulos como «Maestro, se encrespan las aguas» y «Libérame, oh Dios».

Lo que hoy me hace reír de aquel trabajo es que cuando mi esposo, Bill, otro perfeccionista, me oye hablar de él, no le encuentra la gracia por ninguna parte. ¡Le parece perfectamente aceptable que a alguien se le ocurra cambiar la posición de los presillas!

Un don celestial de parte de Dios

En buenos y malos tiempos, la música siempre ha sido una parte de mi vida que fluye tanto a través de la alegría como de las pruebas. Para mí, es un don de Dios, un pedazo de cielo que nos presta mientras vivimos en la tierra para ayudarnos a sobrevivir en los días malos, para celebrar los buenos tiempos y especialmente para que podamos alabarle en una forma que ningún otro método podría hacerlo.

La música ha sido un hilo de oro que corre a través del tejido de mi vida, trayéndome gozo en las áreas oscuras. La música me recuerda que el amor perdurable de Dios se adentra en la eternidad misma y es un símbolo de su promesa de que un día estaré regocijándome con mis amados en el cielo, cantando alabanzas a nuestro Señor en persona. Cada vez que oigo especialmente canciones cristianas me imagino que estoy escuchando una transmisión originada directamente en mi hogar eterno, donde himnos angelicales serán la tónica del cielo.

Cantar eleva nuestros espíritus. Simplemente nos hace bien. Sea que cantemos con voces entrenadas que provoquen aplausos o con tonos desabridos que hieran los oídos, para cuando nuestras canciones de alabanza lleguen al cielo todas serán igualmente hermosas. Esto es lo que hace algunos años tuve que decirme una y otra vez, cuando Billy Graham celebró su cruzada en Anaheim, cerca de casa.

Se necesitaron cientos de voluntarios para formar el gran coro que cantaría durante las reuniones. Como yo sabía que a los miembros del coro se les garantizaban asientos preferenciales, deseé ardientemente participar. Pero durante los ensayos me di cuenta que los miembros del coro tendrían que estar en el estadio mucho antes que la gente que asistiría a escuchar al predicador, y sabía que Bill querría estar conmigo en los cultos. De modo que lo inscribí a él también, aunque sabía que era incapaz de mantener una nota aunque con ello se jugara la vida. Estaba segura que el Señor me perdonaría por ese pequeño fraude, porque sabía que Él no querría que me enfrentara yo sola al enorme tráfico generado por la cruzada.

Durante los ensayos, le dije a Bill que solo moviera los labios pero que no emitiera sonido; así, su inhabilidad como cantante pasaría desapercibida. Todo anduvo bien hasta la noche cuando comenzó la cruzada. Apretujados con decenas de miles de personas que cantaban junto con el coro, Bill era uno de ellos. No habría habido ni un problema, salvo por una cosa. Bill llevaba consigo una pequeña grabadora en la cartera de su camisa. La idea era grabar la música y el mensaje para disfrutarlos después. ¡Pero él se grabó a sí mismo cantando a todo pulmón! Y trataré de decirlo en la forma más suave posible: ¡Aquello resultó algo que usted no querría volver a escuchar por nada del mundo!

Bill ha gozado de lo lindo con esa grabación, pero aun tiene la desfachatez de decir que no es que su voz esté fuera de tono, sino que el problema es que nuestros oídos no están sintonizados correctamente.

Música maravillosa

Así como durante años la música me ha ayudado a soportar trabajos monótonos, también me ha animado e inspirado en otras situaciones. En momentos de desesperación. la música ha provisto reconfortante consuelo. En momentos de alegría me ha inspirado para alcanzar más altos niveles de gozo. En momentos de soledad, me ha traído abundante compañía. ¡Sin duda que la música es un regalo del cielo a la tierra!

Por ejemplo, cada vez que escucho el himno: «Presencia constante» mi mente de inmediato se llena de preciosos recuerdos relacionados con alguien muy querido en el cielo. Cuando era pequeña y acompañaba a mi papá a sus reuniones de avivamiento en una tienda de campaña, muchas veces tenía que cantar ante la multitud. Mi papá ponía una silla sobre el piso de tierra y me alzaba para que me parara sobre la silla y todo el mundo pudiera verme, una simpática niñita con un vestido rojo brillante y blusa blanca, lazos en los brillantes zapatos de cuero negro y una gran cinta colgando de mi pelo sobre la espalda. Mientras cantaba, mi papá permanecía a mi lado, mirándome lleno de orgullo. A veces

«HAZ UN RUIDO DE GOZO»

Usado con permiso de Samuel J. Butcher, creador de *Precious Moments*.

cantábamos juntos su himno favorito: «Bajo sus alas». Pero fuera que estuviera cantando sola o con él, su brazo siempre me rodeaba, dándome seguridad mientras permanecía de pie sobre la silla.

Mi papá murió sorpresivamente cuando yo tenía doce años de edad. Se me permitió escoger la música para su funeral, incluyendo «Bajo sus alas» y «Presencia constante».

> En mi corazón hay una paz que el mundo no
>   puede dar,
> Una paz que nadie me puede quitar;
> Aunque las pruebas de la vida me rodeen
>   como una nube,
> Tengo una paz que permanecerá.
> Presencia constante, Jesús es mío;
> Presencia constante, rapto divino;
> Él nunca me deja solo, sino que me susurra:
> «Nunca te dejaré», Jesús es mío.[2]

Oír estos himnos ahora me traen recuerdos agridulces, un período feliz de mi vida que terminó con una desagradable experiencia, que ahora me proporciona un consuelo increíble. Me transportan instantáneamente a más de cincuenta años atrás, a una de aquellas campañas de avivamiento. Puedo sentir el aroma del aserrín cubriendo el piso de la carpa, y mejor que todo, recuerdo la seguridad que me daba el brazo de mi padre rodeando mi cintura.

La música del cielo

¡Cuán poderoso es el don de la música! Aun sin palabras, una melodía familiar puede traer lágrimas a nuestros ojos o risa a nuestros labios, y a veces ambas cosas al mismo tiempo. Cuando llegué hace poco al funeral de una amiga, me sorprendí ver en el programa que uno de los himnos era «Si pudieras verme ahora». Inmediatamente me imaginé a Kathie Lee Gifford de pie junto a la baranda de un barco crucero de Carnival, cantando la canción-emblema

de aquella compañía. Sin embargo, la canción de Kim Noblitt, es un hermoso himno sobre la vida gloriosa que disfrutaremos en el cielo. El coro dice:

> Si pudieras verme ahora,
> Me verías caminando por calles de oro.
> Si pudïeras verme ahora,
> Me verías alto y completo.
> Si pudieras verme ahora,
> Sabrías que he visto su rostro.
> Si pudieras verme ahora,
> Sabrías que el dolor se ha ido.

Luego, la canción termina diciendo:

> No querrías que dejara este lugar perfecto,
> Si solo pudieras verme ahora.[3]

¿No es fabuloso? Aquellas palabras nos transportaron
desde esa ocasión triste de decir adiós a nuestra amiga, a
imaginárnosla disfrutando en el cielo. ¡Qué bendición fue
para todos nosotros pensar en nuestra amiga «caminando
por calles de oro» con una felicidad radiante por haber visto
el rostro de Dios! No puedo hablar por los demás que asistían
al funeral, pero yo salí de allí casi sintiendo celos de la que
había muerto. Una de las primeras cosas que hice después
del funeral fue volver a la canción y estudiar la letra. Me
emocioné, creando en mi mente una imagen de lo que será
nuestra vida en el cielo. Leer las palabras, elevó mi espíritu
hasta anhelar la llegada de mi turno de sentarme a los pies
de Jesús.

¡Vaya manera de irse!
Otra cosa que recientemente me emocionó fue una historia
que apareció en nuestro periódico local que describía la
muerte inusual de una mujer en Santa Ana, California. Aunque siempre es triste para los que quedamos decir adiós a un

amigo o a un ser amado, esta mujer murió en una forma que muchos envidiaríamos.

Giesela Lenhart fue arrebatada completamente mientras el coro de la Iglesia Calvario cantaba la estrofa final de «Señor, ensalzamos tu nombre». Una mujer alta, con los ojos cerrados, sus brazos abiertos como queriendo llegar más allá que los brazos de los demás en la fila de atrás. Su clara voz de soprano cantó: «De la cruz a la tumba; de la tumba al cielo; Señor, ensalzo tu nombre».

Aquellas palabras tenían un tremendo significado para Giesela, quien había aceptado a Jesús como su salvador el 20 de enero de 1989. Y quien, a los cuarenta y un años de edad, había conocido mucho más de lo que pudiera compartir en materia de soledad y angustia.

Aquellas fueron sus últimas palabras.

Al cantar la nota final, sus brazos se alzaron y ella cayó hacia atrás, fulminada por un infarto masivo de corazón.[4]

Al leer ese artículo, no pude sino decir, ¡*Caramba*! ¡*Vaya manera de irse*! El periódico citaba a uno de los miembros de la iglesia que expresó la misma idea: «Debería ser el ideal de cada cristiano: partir al "hogar" cantando alabanzas a Dios».

En ese segundo, en ese «abrir y cerrar de ojos» esta regocijada mujer cristiana fue transportada de cantar en un coro terrenal con sus hermanos miembros de la iglesia a regocijarse en el gran coro celestial.

¿Has pensado alguna vez en quiénes integran ese coro? Muchos quizás supongan que está formado por un grupo de ángeles. Pero con todo lo querido que los ángeles son, piensa que esta mujer, cuando llegó al cielo, había experimentado algo que los ángeles nunca han conocido: la *redención*.

Hay un antiguo y hermoso himno, a menudo llamado «El canto de los ángeles» que se refiere a este punto. El coro dice:

Santo, Santo, Santo, es lo que los ángeles
    cantan,
Y yo espero ayudarles
Haciendo resonar los predios del cielo;
Pero cuando yo cante la historia de la
    redención,
Ellos plegarán sus alas,
Porque los ángeles nunca sintieron el gozo
Que trae nuestra salvación.[5]

«ÁNGELES CANTANDO ESTÁN»

Usado con permiso de Samuel J. Butcher, creador de *Precious Moments*.

El libro sobre historias de himnos de Al Smith explica cómo Johnson Oatman y John R. Sweeney escribieron estas hermosas líneas: «Un día, Oatman y Sweeney estaban leyendo en el libro de Apocalipsis el emocionante cuadro en palabras que muestra un gran coro que se organizará en el cielo para cantar alabanzas y exaltar al Cordero que fue inmolado, el Señor Jesús. Mientras pensaban en este emocionante acontecimiento, se dieron cuenta que sería un coro diferente a todos los que se oyeron antes en el cielo. Este estaría compuesto por los "redimidos" que habían lavado sus vestiduras en la sangre del Cordero y, por supuesto, los ángeles no podían integrar ese coro porque ellos nunca han experimentado la emoción ... que viene al corazón y la vida a través de la salvación».[6]

Si bien nosotros podemos envidiar a los ángeles por estar disfrutando ya de las maravillas del paraíso, ellos bien podrían envidiarnos a nosotros por la experiencia de la salvación que jamás podrán experimentar. ¿Te lo imaginas rodeando a Giesela y diciendo: «¡Oh! ¡Cuéntanos de nuevo acerca del día cuando fuiste salvada! ¡Queremos oír todos los detalles!»?

Himnos inspiracionales, vistazos del cielo

Ha habido muchas ocasiones en mi vida cuando he deseado que Dios me lleve allí mismo al cielo. ¿Y qué mejor que hacerlo en medio del canto de un himno glorioso de alabanza a Él? A menudo tales deseos se presentan en tiempos de tribulación. Y de esos, mi vida ha estado repleta: el choque devastador de mi esposo en auto, la muerte de dos hijos y otro hijo once años alejado de nosotros.

A veces las cosas parecen insoportables. Los que han leído mis otros libros quizás recuerden mi relato de aquel día cuando decidí poner fin a todo y conduje mi automóvil hacia un precipicio para «volar» al cielo por mi propia cuenta. Pero en el último momento pronuncié una oración de renuncia: «¡Lo que tú quieras, Señor!» y di media vuelta y me alejé del lugar.

Desde entonces, sabiendo que el plan de Dios para mí es perfecto, he dicho muchas veces: «¡Lo que tú quieras, Señor!» Pero también ha habido ocasiones en que he pedido ayuda, y una de las ayudas que Dios me ha dado ha sido la hermosa música del cielo. Desde los antiguos cánticos del salmista y los clásicos de la era de la Reforma hasta las modernas baladas y música de alabanza de los noventa, la música cristiana nos ofrece un vistazo de la vida hermosa que nos espera en el cielo. Solo piensa en todas las hermosas canciones que ofrecen un anticipo del paraíso:

Algo divertido ocurrió

Una dama muy graciosa, de 85 años de edad, pidió a un amigo que hiciera los arreglos para su funeral. Y le dijo que quería que solo mujeres portaran la urna.

«¿Por qué solo mujeres?», le preguntó el caballero.

«Porque», contestó, «si no he dejado a los hombres que me saquen ahora, ¿cómo habría de permitirles que me saquen entonces?»

--Taylor Reese, autor de HUMOR Is Where You Find It

Iustración reimpresa con permiso de Christian Single Magazine.

«Tengo un hogar en la gloria» «Más allá del sol»
«Pronto y muy pronto»
«Palacios de marfil»
«Tendremos una corona»
«Señor, prepárame una mansión»
«Finalmente el Hogar»
«Gloria será para mí»

A veces yo canto una de estas canciones y me hacen llorar las hermosas imágenes de palabras que se forman en mi mente. En otras ocasiones, las historias detrás de los himnos, como la de Al Smith sobre «El canto de los ángeles» son tan hermosas como las palabras mismas. En otra historia acerca de un hermoso himno, Kenneth Osbeck cuenta cómo se formó el tercer verso de la canción «Oh amor de Dios»: «La segunda estrofa inusual... era una pequeña parte de un antiguo y largo poema compuesto en 1096 por un compositor de canciones judío, el rabino Mayer, en Worms, Alemania ... Las líneas las encontraron un día en su forma revisada en las paredes del cuarto de un paciente en un asilo para locos después de la muerte del paciente. Desde entonces, la opinión ha sido que el paciente desconocido, durante el tiempo que estuvo bien de su mente, adaptó del poema judío lo que se conoce como el tercer verso de «El amor de Dios».[7]

Imagínate a esta persona siglos atrás con una mente tan torturada que tuvo que ser encerrrado en un «asilo de locos». Pero al tiempo que la oscuridad parecía más densa, aquella angustiada persona se revelaba como un artista, grabando con algún instrumento desconocido estas palabras inspiradoras en la fría y dura pared:

Si fuera tinta todo el mar,
Y todo el cielo un gran papel,
Y cada hombre un escritor,
Y cada hoja un pincel.
Nunca podría describir
El gran amor de Dios

«PERMITAN AL CIELO
Y A LA NATURALEZA CANTAR»

Que al hombre pudo redimir
De su pecado atroz.

El mensaje eterno de esta canción confirma el comentario de Martín Lutero sobre el poder de la música. «Ningún arte cercano a la teología se compara con la música», dijo: «Porque es la única, con excepción de la teología, la que es capaz de dar paz y felicidad a la mente».[8]

Otra historia que cuenta Al Smith habla de la igualmente emotiva historia de aquel himno tan familiar: «Cuando allá se pase lista». Todo comenzó un día por allá por 1800 cuando James M. Black, de Williamsport, Pennsylvania, impulsivamente tomó por un atajo para ahorrar camino mientras se dirigía al correo. Caminando rápidamente por el atajo, pasó ante «una niña que barría el portal de una casa destartalada. Estaba pobremente vestida y en su rostro se dibujaban la preocupación y el descuido», escribió Smith.

Black le preguntó a la niña, que se llamaba Bessie, si iba a la Escuela Dominical.

«No, señor», contestó la niña. «Me gustaría ir, pero no tengo ropa adecuada para ponerme. ¡Cómo me gustaría ir, señor!»

Sin tardanza, Black y su esposa y algunos amigos llevaron a la niña alguna «ropa para ir a la iglesia» y ella empezó a asistir fielmente tanto a la Escuela Dominical como a otro grupo de la iglesia llamado la Liga Epworth. «Cada vez que se pasaba lista, ella estaba allí para responder», escribió Smith.

Llegó el día cuando Black pasó lista y Bessie no respondió. Black miró la libreta de asistencia sorprendido; volvió a llamar su nombre, pero no estaba allí. Después del culto se apresuró hasta la callejuela, preocupado por si el padre borracho de Betsie le habría prohibido venir o por si la había golpedo tan fuertememnte que ella no pudo caminar hasta la iglesia. Pero se encontró que estaba muriendo de neumonía.

El llamó a su propio médico para que la atendiera pero todos los esfuerzos por salvarla fracasaron.

Black no podía olvidar el sentimiento que tuvo cuando por primera vez pasó la lista y Bessie no respondió.

Black pensó que «en el cielo se pasaría lista y ah, qué triste sería la situación de aquellos cuyos nombres no estuvieran escritos en el Libro de la Vida del Cordero», escribió Smith. Como director de música, Black anhelaba encontrar una canción que pudiera «imprimir esta verdad en los corazones» de los jóvenes en su clase de Escuela Dominical. Pero no pudo dar con ninguna. Tarde ese día, recibió inspiración para escribirla él mismo.

«Me fui a la casa y me senté al piano. Sin ningún esfuerzo, las palabras parecían brotar de mi mente ... La melodía llegó de la misma manera. Sentí como si yo estuviera solo transcribiendo. No cambié ni una nota ni una palabra», explicaría después.

La canción fue cantada por primera vez en el funeral de Bessie después que Black explicó las circunstancias que lo llevaban a hacerlo. «Nunca voy a olvidar el efecto que tuvo sobre la gran audiencia de amigos que habían asistido al funeral. El Señor había llevado a la pequeña Bessie "a casa", pero en su lugar había dejado una canción para recordarnos a todos que debemos estar listos para el gran día del pase de lista».

> Cuando la trompeta suene en aquel día final,
> Y que el alba eterna rompa en claridad;
> Cuando las naciones salvas a su patria lleguen
>   ya,
> Y que sea pasada lista, allí he de estar».[9]

Rompenubes

El problema de hacer las cosas bien la primera vez es que nadie aprecia lo difícil que fue hacerlo.

Almacén de risa: Vaca con sentido del humor.

El ser loco no me hace sufrir.
Más bien lo disfruto cada minuto.

Un himno para cada profesión

El himno del dentista: «Corónalo con mil coronas»
El himno del contratista: «Cuan firme cimiento»
El himno del político: «Todas las promesas»
El himno del perro boxer: «Pelea la buena batalla»
El himno del meteorólogo: «Lluvias de bendición»
El himno del recolector de impuestos: «Todo para mí»
El himno del chismoso: «Oh, si tuviera lenguas mil»
El himno del electricista: «Manda tu luz»
El himno del panadero: «Te necesito ya»
El himno del operador telefónico: «Hay una historia para las naciones»
El himno del capitán de aviación: «Cristo, mi piloto sé»
El himno del que hace dieta: «¿Será posible que gane?»
El himno del OVNI: «Ven, oh viajero desconocido»[10]

Una persona sin sentido del humor es como un coche sin suspensión: cada guijarro del camino lo estremece.

Henry Ward Beecher

Una señora enseñó a sus pequeños alumnos de la Escuela Dominical a cantar su canción favorita: «Oh, la cruz consagrada que cargo». Al domingo siguiente vino una madre preocupada preguntando a la maestra sobre las canciones que estaba enseñando a sus hijos. Porque su hija le había dicho que habían aprendido la canción: «La constipada cruz que cargo».[11]

Meteduras de pata musicales en el boletín de la iglesia:

- El pastor va a predicar su mensaje de despedida, después del cual el coro cantará: «Grande gozo hay en mi alma hoy».

- El concierto celebrado en el salón social resultó todo un éxito. Especiales gracias a la hija del pastor, Gladys quien tocó toda la tarde en el piano, el cual, como es usual, le cayó encima.

- Veintidós miembros estuvieron presentes en la reunión de la iglesia celebrada anoche en la casa de la señora Marsha Crutchfield. La

señora Crutchfield y la señora Ramkin
cantaron a dúo: «El Señor sabe por qué».[12]

Resuene el mar, y su plenitud; alégrese el campo, y
todo lo que contiene. Entonces cantarán los árboles
de los bosques delante de Jehová, porque viene a
juzgar la tierra.[13]

¡Suenan las campanas del cielo!
Hay gozo hoy,
Por un alma, que regresa del desierto.
¡Mira! El Padre lo sale a recibir al camino,
Dando la bienvenida a su hijo abatido y extraviado.

¡Gloria! ¡Gloria! cómo cantan los ángeles;
¡Gloria! ¡Gloria! cómo resuenan las arpas;
El ejército de redimidos, como un poderoso mar
Lanzando al vuelo el himno de la libertad.[1]

Que las campanas de gozo del cielo repiquen en tu corazón hoy

No hay base bíblica para la querida imagen que una amiga plantó en mi mente cuando alegremente finalizó su carta así: «Que las campanas de gozo del cielo repiquen para siempre en tu corazón». La Biblia no habla de campanas de gozo en el cielo; tampoco habla de campanas comunes y corrientes. La Versión Reina Valera solo habla de campanillas, cuatro veces en el libro de Éxodo en relación con la vestimenta sacerdotal, y una en el libro de Zacarías, en relación con el enjaezamiento de los caballos.[2]

Sin embargo, como las campanas siempre han estado asociadas con los servicios de adoración asumimos naturalmente que estarán entre los muchos sonidos maravillosos que oiremos cuando lleguemos a las puertas de perlas. La letra de aquella hermosa canción de William O. Cushing, citada parcialmente en la página opuesta, pinta un brillante cuadro de las campanas del cielo tañendo mientras los pecadores regresan «del desierto». La imagen se hizo aun más poderosa para mí cuando leí que Cushing, un tremendo predicador de los 1800 escribió la letra después de haber sido forzado a dejar el púlpito por haber «perdido la capacidad del habla».

Angustiado por su impedimento, Cushing pidió a Dios otra forma de servirle. Su oración recibió respuesta cuando descubrió que tenía un don para escribir la letra de hermosas canciones. Una de tales canciones es el emotivo himno: «Resuenen las campanas del cielo». Otras incluyen «Bajo sus alas» y «Cuando Él venga».[3]

El sonido celestial de las campanas de la iglesia

Para mí no hay sonido que me inspire más sobre la tierra que el celestial *ding-dong* de las campanas majestuosas que retumban por las calles de pequeños pueblos y ciudades llamando a la adoración en la iglesia. Y no hay ruido más alegre que la cacofonía de una torre de iglesia llena de campanas cuando repiquetean al finalizar el culto y cuando las puertas de la iglesia se abren para dejar salir a los creyentes que vuelven al mundo a expandir las buenas nuevas.

Alguien me dijo haber asistido a un servicio de Navidad en una hermosa y antigua iglesia en medio de elevados edificios y torres de oficinas de una gran ciudad. Cuando el servicio hubo finalizado justo después de la medianoche, los feligreses emergieron a través de las viejas puertas de madera para encontrarse con copos de nieve que volaban por los aires y el corazón de aquella usualmente bulliciosa ciudad extraordinariamente quieto. De repente, las campanas de la iglesia irrumpieron a través de la oscuridad, llenando las calles vacías con las gratas noticias de la Navidad y su gozoso sonido haciendo eco en las estructuras de concreto y hierro. Aquello fue, me dijo mi amiga, un momento realmente extraordinario, algo que difícilmente se repetirá hasta que oiga las gozosas campanas del cielo repicar para darle la bienvenida.

Una reciente historia publicada en un periódico describe a otra mujer que oirá el sonido de gozo de las campanas cuando llegue al cielo. El artículo informaba de una donación multimillonaria al Ejército de Salvación, hecha por Joan Kroc, viuda de Ray Kroc, quien fundó el imperio de comida rápida MacDonald. Al entregar su donativo, la señora Kroc contó cómo su multimillonario esposo «acostumbraba vestirse de Santa Claus durante las fiestas navideñas y tocar la «clásica campanilla salvacionista» pidiendo donaciones para el Ejército de Salvación en las calles de San Diego. "Ahora me imagino que habrá muchas campanas resonando allá arriba mientras Ray dirige el coro"», finalizó diciendo la señora Kroc.[4]

«TOQUEMOS ESAS CAMPANAS DE NAVIDAD»

Usado con permiso de Samuel J. Butcher, creador de *Precious Moments*.

Es posible que me gusten tanto las historias de campanas porque, a decir verdad, me puedo identificar con ellas. Las campanas no pueden sino transmitir gozo, aun cuando algunas personas puedan pensar que su sonido sea a veces poco apropiado. Ellas simplemente hacen sonar sus corazones, sus tonos agudos llenan alegremente el aire aun cuando la situación pudiera sugerir una actitud más recatada y digna. ¡Es exactamente lo que pasa conmigo!

Por ejemplo, en los funerales cristianos yo siempre estoy respondiendo con un *ding* cuando alguien lanza un *dong*. El atuendo normal en un funeral es negro sobrio, pero a mí me gusta usar verde brillante.

Veamos. El verde es el color de la vida nueva, y mientras nosotros que hemos quedado lloramos la muerte de un ser querido, ellos están más vivos que nunca, danzando al ritmo de aquellas gloriosas campanas de gozo en el cielo. Son una prueba viviente de uno de mis dichos favoritos:

Morir no significa que la luz se extingue.
Es bajar la lámpara porque el amanecer ha llegado.

Al sentir así, durante los servicios funerarios provocó un montón de cejas alzadas y siento una cantidad de codazos contra mis costillas, aquella clase de golpes que en silencio dicen, ¡*Contrólate, mujer! ¿No te das cuenta que la muerte es un asunto serio?* Yo me lamento cuando muere un amigo, pero me lamento egoístamente, sintiendo pena por mí, sabiendo cuánto echo de menos la amistad de esa persona y deseando yo también andar por las calles de oro con nuestro amado Salvador.

Atisbos del cielo

En tiempos así me siento un poco como las campanas de la iglesia de Londres durante el funeral de la princesa Diana en 1997. La princesa era querida en todo el mundo, y todos lamentamos su muerte. Billy Graham dijo que la princesa Diana «nos dejó un magnífico ejemplo por su interés por los pobres, los oprimidos, los que sufren y los enfermos». Pero también señaló otra cosa que su trágica muerte en forma no intencional nos dio: un recuerdo de «cuán frágil es la vida, y la necesidad de estar listos para entrar en la eternidad y reunirnos con Dios en cualquier momento».

En medio de toda la publicidad que rodeó la muerte de Diana, una pequeña frase aparecida en un periódico ha quedado en mi mente y me ha hecho sentir simpatía por aquellas majestuosas campanas de Londres. El artículo decía que el badajo de las campanas había sido forrado en cuero durante la procesión funeraria impidiendo el tono gozoso de su sonido.

Cuando leí esa descripción, no pude sino pensar en el contraste entre las campanas asordinadas durante el funeral de Diana y el alegre y delirante clamor de las campanas de gozo que esperamos oír en el cielo. No habrá nada que controle su sonido feliz allende las puertas de perlas. Y si el hermoso y antiguo himno está en lo cierto, las voces de los ángeles «acrecentarán la alegre tensión triunfante». Podrían ser ensordecedoras, excepto porque allí no habrá ninguna sordera. Imaginar la gloria de todo eso eleva mis pensamientos hasta los mismos cielos y me hace desear estar allí *pronto.*

Compartir la gloria del cielo
Hay muchas historias sobre creyentes que al abandonar esta vida, se las han arreglado para compartir con los que dejan atrás el ruido gozoso que oyen cuando son bienvenidos en la gloria. Al pasar a través de la puerta de la muerte y entrar en los portales del cielo, el éxtasis de los coros de bienvenida que oyen es obvio en las últimas expresiones que se dibujan en sus rostros, expresiones de asombro y admiración.

En su libro *Mourning Song*, mi amiga Joyce Landorf Heatherley comparte la historia de alguien sobre profesionales de la salud e incluso padres que evitan involucrarse emocionalmente con un «hijo en proceso de morir». Como resultado, los hijos «mueren solos porque los adultos niegan la muerte por temor del sufrimiento que pudieran experimentar después que el hijo ha partido». En contraste, la historia describe a una madre «que estuvo dispuesta a deponer su negativa, asumir su propia aceptación y preparar hermosamente a su pequeño hijo para su muerte».

Venía todos los días al hospital a visitar a su pequeño hijo de cinco años de edad que estaba muriendo de un doloroso cáncer pulmonar.

Una mañana, antes que la madre llegara, una enfermera oyó al niño decir: «¡Oigo las campanas! ¡Oigo las campanas! ¡Están sonando!» Una y otra vez aquella mañana las enfermeras y el personal lo oyeron decir eso.

Cuando la madre llegó, le preguntó a una de las enfermeras cómo había estado el niño ese día, y la enfermera le respondió: «Oh, ha estado teniendo alucinaciones. Probablemente sea el medicamento, pero no tiene importancia. Se ha mantenido diciendo que oye campanas».

Al oír eso, el hermoso rostro de aquella madre revivió. Ella entendía lo que la enfermera no podía, de modo que le dijo: «Escúcheme. No se trata de alucinaciones, y ninguna medicina ha puesto fuera de sí a mi niño. Lo que ocurre es que hace un par de semanas le dije que cuando el dolor en el pecho se hiciera más fuerte y le costara respirar, quería decir que estaba a punto de dejarnos. Eso significa que él se va al cielo, y que cuando el dolor fuera realmente insoportable, iba a mirar desde la esquina de su cuarto hacia el cielo, y escucharía las campanas del cielo *porque ellas estarán tocando para él*». En seguida se dirigió corriendo por el pasillo, entró en el cuarto de su pequeño hijo, lo alzó de la cama, lo abrazó hasta que el sonido de las campanas fue solo un suave eco, y él se fue.[5]

La madre había preparado a su pequeño hijo para la muerte, ayudándole a ver la felicidad que le esperaba. Quizás sin saberlo, ella había seguido el consejo que otro autor comparte con los padres:

> Hablarle a sus hijos de la vida y de la muerte comienza con enseñarles las maravillosas verdades sobre el cielo que encontramos en la Palabra de Dios. Su meta es llenar sus corazones con la esperanza prometida por Jesús en los Evangelios. La noche antes de su propia muerte, Jesús dijo a sus discípulos que no dejaran que sus corazones se turbaran, porque Él iba a preparar un lugar para ellos en el cielo (Juan 14.1-4).[6]

Ese es un buen consejo, no solo para los niños sino para todos nosotros. Podemos enfrentar la muerte con esperanza

CIRCO FAMILIAR

«El cielo es un gran abrazo que no se termina nunca».

© Bill Keane

cuando pensamos en la emocionante felicidad que nos espera, incluyendo el gozo de ver de nuevo a nuestros seres queridos. Imaginar a los niños jugando alegremente en el cielo mientras esperan la llegada de sus padres me trae a la memoria una de las preciosas figuras de porcelana de la serie *Precious Moments* de Sam Butcher.

Parte del mural «Plaza Aleluya» en la Capilla *Precious Moments* muestra a una niñita adorable que llega a la puerta del cielo. Una lágrima rueda por su mejilla. El ángel que la consuela y saluda le señala una etiqueta que dice: «Viejo Pañuelo».

Sam tituló la escena: «Ninguna lágrima pasada esta puerta», y las veces que la veo, me encuentro derramando lágrimas de gozo de solo pensar en aquel lugar maravilloso donde Bill y yo estaremos de nuevo con nuestros hijos y donde *nunca más* se derramará una lágrima. ¡Qué perspectiva!

Una amiga escribió un hermoso poema que describe mi trabajo con Ministerios Espátula y todos los altibajos que Bill y yo hemos tenido que pasar. Las dos últimas líneas son mis favoritas. Dicen:

> Pero cuando Gabriel haga sonar su trompeta...
> Barbara traspasará la puerta y abrazará a sus hijos
> mientras Jesús seca sus lágrimas.

Esa imagen es tan preciosa para mí, que he empapelado con ella mi corazón. ¿Me puedes imaginar brincando por la puerta para encontrarme con Tim y Steve? ¿Puedes imaginarte el gozo que voy a sentir cuando de nuevo los pueda tener en mis brazos? (Probablemente tú también podrás si tienes depósitos en el cielo.) Y luego imagínate al Salvador reuniéndose con nosotros en aquella turbulenta reunión, enjugando nuestras lágrimas de gozo. Quizás, como el pequeño ángel de la bienvenida de Sam Butcher, Él nos recuerde uno de los más grandes beneficios de nuestro nuevo hogar. Quizás señale a un letrero en las puertas de perlas, como aquellos que se ven en algunos restaurantes y que

CIELOS

«NO HAY LÁGRIMAS
TRAS ESAS PUERTAS»

Usado con permiso de Samuel J. Butcher, creador de *Precious Moments*.

dicen: «No camisa, no zapatos, no servicio». Pero la versión
celestial diría:

> ¡No preocupaciones,
> No pruebas,
> No lágrimas!

Nada de bocinazos en el cielo

Sí, si hay campanas en el cielo, seguramente serán campanas de gozo, y tocarán una gran bienvenida cuando arribemos allí. Solo imagina la diferencia en los sonidos que oiremos al dar nuestro último suspiro terrenal y al momento siguiente entrar en la dulce fragancia del cielo. En un momento nuestros oídos terrenales se llenarían del horrible ruido de bocinas, frenos que chirrean, bolsas de aire que se inflan y sirenas de ambulancia. Y en el momento siguiente podremos oír el coro angelical cantar música tan bella que estará más allá de lo que podemos entender en la tierra.

En un momento podremos estar rodeados por el intenso ruido de amigos y familiares llorando, y al momento siguiente ser el centro de un gozo exuberante en las puertas del cielo de seres queridos que estarán esperando por nosotros.

En un momento podremos sentirnos irritados por los sonidos de la vida que termina en un sistema de alarma, un monitor de corazón que suena al mostrar una línea horizontal y un ventilador lanza una señal de emergencia, y al momento siguiente oír la voz bendita del Salvador diciendo: «¡Ya estás en casa, hijo mío! Déjame mostrarte la mansión que he preparado para ti».

Sabemos que los sonidos del cielo serán, bueno, *celestiales*. En nuestro hogar celestial no habrá bocinas de automóviles, chillidos, sonidos agudos intermitentes ni celulares. No tendremos que estar pendientes de cambiar las baterías de la alarma de incendio de la casa (la señal en mi casa de que la cena está lista), taladros dentales, peleas de gatos en los tejados, ladridos de perros, o puertas de emergencia sin cerrar.

Cuando pienso en todos estos ruidos, grandes y pequeños, que llenan nuestros días sobre la tierra, me sorprendo de que podamos sobrevivir a todo eso y añoro la inigualable

«Habría llegado antes, pero me retuvieron unos irresistibles panes de avena».

paz del paraíso. A veces nuestras vidas aquí parecen estar completamente controladas por diversas campanas, chillidos o zumbidos. Para muchos de nosotros, el día comienza cuando la alarma del reloj nos despierta. Vamos bamboleándonos hacia el baño, donde la última invención es un cepillo de dientes accionado por baterías con un reloj que suena cuando nos cepillamos por el tiempo ideal de dos minutos. Después nos dirigimos a la cocina, donde siempre hay algo que poner en el microondas. Luego suena la campanilla y el desayuno está listo.

Algunos de nosotros presionamos un sinfín de pequeños botones para activar la alarma de la casa antes de salir. Otros tenemos que accionar un control remoto para abrir la puerta de los automóviles. Y una vez que nos sentamos detrás del volante, otro toque de campanillas, chillidos o zumbidos nos recuerda que tenemos que abrocharnos los cinturones. (Yo estoy esperando que aparezca uno que me recuerde también llevar la lista de compras a la tienda de comestibles, y quizás que compruebe si me puse los dos zapatos del mismo par.) Algunos autos tienen un chillido que hace un ruido horrible cuando se los pone en reversa (supongo que será para estar seguros en qué dirección van a salir); otros tienen campanillas que suenan cuando hace rato que pasamos la señal de doblar sin doblar (lo cual parece tonto, porque si ha pasado tanto tiempo y todavía no hemos doblado obviamente nos hemos olvidado dónde queríamos doblar en primer lugar, entonces ¿para qué recordárnoslo cuando ya hemos pasado tres kilómetros?)

El mundo moderno está lleno de alarmas de emergencia, de señales de peligro y de campanas de advertencia. Con todos estos aparatos recordándonos hacer caso de las advertencias, ¿cómo es que en la tierra nos metemos en tantos problemas? Simple, por una razón u otra ignoramos las señales o no las oímos o pensando que están ahí para advertir a otros, no a nosotros.

Tiempo de levantarse

¡Si solo hiciéramos caso a todas las advertencias que Dios nos manda! Pero demasiado a menudo, en nuestro recargado estilo de vida, estamos tan perturbados por la miríada de responsabilidades que no oímos la suave y tierna voz que envía mensajes urgentes a nuestros corazones. Aun cuando tratamos de apartar tiempo para estudiar sus consejos, pasamos tan rápido por su Palabra como cuando no hacemos caso a las señales del tránsito que nos advierten de algún peligro, confiando que podremos evitar accidentes una vez más.

Dios usa toda clase de formas para llamar nuestra atención, pero a veces lo ignoramos, de la misma manera que pasamos por alto muchos de los modernos aparatos que han llegado a ser rutinarios en nuestro mundo altamente tecnificado. Cuando pienso en los sencillos relojes con alarma de cuerda que teníamos hace solo algunos años, me sorprendo de cuánto han cambiado las cosas. Aquellos viejos armatostes que rompían violentamente la quietud de las mañanas con nada menos que una cuerda que hacía que un pequeño martillo de metal golpeara a dos campanillas que se ubicaban en la parte superior externa del reloj.

Por muchos años, Bill y yo usamos esa clase de reloj despertador para comenzar nuestro día. Irónicamente, ahora cuando hemos llegado a la edad de jubilarnos y ya no tenemos que correr cada mañana para salir al trabajo, nos despertamos más temprano que nunca, por lo general a las 4:30. No usamos reloj con alarma a menos que estemos viajando y tengamos citas que atender.

Ahora que no tengo que levantarme al rayar el alba disfruto haciéndolo. Para mí, esas horas de la mañana son preciosas; pueden ser lo más cercano al cielo que experimento a lo largo del día. El teléfono no suena. No hay autos pasando por la calle. No hay carteros ni empleados de UPS tocando a la puerta. Las crisis del día todavía no han aprendido a meterse conmigo a esas horas.

Cuando alguien me mandó una lista de madrugadores en la Biblia, me alegré de saber que el tiempo del día que yo amo tanto ha sido siempre un tiempo especial para los hijos de Dios. Mientras disfruto esas horas de quietud en la madrugada, pienso en mis piadosos predecesores que trabajaron y adoraron antes que comenzara el día, sin ningún tipo de reloj de alarma que los despertara:

- Abraham se levantó temprano y «volvió al lugar donde había estado con el Señor».

- Moisés y Aarón dijeron a los israelitas: «En la mañana veréis la gloria del Señor».

- Moisés subió temprano en la mañana al monte Sinaí para reunirse con Dios.

- En sus últimas palabras, el rey David dijo que un líder justo que «gobierna en el temor de Dios ... es como la luz de la mañana que amanece en un día sin nubes».

- La costumbre regular de Job era adorar a Dios «temprano en la mañana».

- El salmista escribió: «En la mañana, oh Señor, oyes mi voz; en la mañana pongo mis peticiones delante de ti y espero con expectación».

- Isaías dijo: «En la mañana mi espíritu te anhela».[7]

Jesús mismo usó las horas tempranas de la mañana para comunicarse con Dios. La Biblia dice: «Levantándose muy de mañana, siendo aún muy oscuro, salió y se fue a un lugar desierto, y allí oraba». Y más adelante se nos dice: «Y todo el pueblo venía a Él por la mañana, para oírle en el templo».[8]

¿Cómo crees que se las arreglaba la gente en aquellos días para despertar temprano cuando no había campanas ni campanillas de relojes de alarma que los sacaran de su sueño? Seguramente su excitación por oír las palabras del Salvador les ayudó a saltar de la cama y correr al lugar donde Jesús estaba hablando.

El mejor sonido del cielo

Aunque sin duda las campanas de gozo del cielo serán maravillosas a mis oídos, el sonido celestial que anhelo con más ansias es este: Jesús hablándome a mí, el sonido de la voz del Salvador llamándome por mi nombre. ¿Podría haber algo más maravilloso que eso en toda la eternidad? Esa imagen explica por qué considero los acontecimientos de la mañana de resurrección una de las historias más hermosas de toda la Biblia.

Una turbada María Magdalena solloza ante la tumba vacía aquella mañana temprano. Ha ido allí para atender el cadáver y se ha encontrado con algo que la angustia más. Pareciera que alguien se ha robado el cuerpo de Jesús, de modo que cuando el jardinero le pregunta qué ocurre, ni siquiera se vuelve para contristarle. «Se han llevado a mi Señor», dice, «y no sé dónde lo han puesto».

Y el jardinero le habla. Solo una palabra, su nombre: «María» y al sonido de aquella voz su cabeza se vuelve. Su espíritu se conmueve al darse cuenta que no ha sido el jardinero sino el propio Jesús que le habla. Imagina el gozo que conmovió su corazón y la emoción de su alma al oír aquel sonido: ¡*su nombre*, viniendo de los labios del Salvador resucitado! Ese es el sonido glorioso que nos va a despertar a vida eterna cuando durmamos aquí en la tierra y abramos nuestros ojos en el cielo.

Peter Marshall, ex capellán del Senado de los Estados Unidos, ya fallecido, contaba una historia sobre un muchacho que estaba muriendo de una enfermedad incurable. Un día preguntó a su madre: «¿Cómo será morir, mamá? ¿Será doloroso?»

CIRCO FAMILIAR

Su madre le dijo que era como cuando él jugaba intensamente todo el día y se quedaba dormido en el sofá o en el auto cuando sus padres lo traían de casa de los abuelitos. «Cuando despertabas por la mañana, te encontrabas acostado en tu propia cama, porque tu papá te había llevado allí en sus brazos. Como eso es morir», concluyó la madre. «Te vas a quedar dormido aquí y cuando despiertes te vas a encontrar que tu Padre Celestial te ha llevado en sus brazos poderosos a tu verdadero hogar».[9]

El llamado misterioso

Hasta el día cuando despertemos en el cielo, en aquella «gloriosa mañana» al sonido de la voz del Salvador pronunciando nuestros nombres, tenemos que hacer la mejor de las mañanas al despertarnos aquí en la tierra. Para millones de personas, eso significa despertar con campanas, campanillas, chillidos, zumbidos y relojes de alarma. Y sí, en estos días hay toda una generación nueva de sonidos para despertarnos. En realidad, estas alarmas modernas están a años luz de aquellos relojes que tenían dos campanitas en la parte superior y que tocaban cuando un martillito accionado por una cuerda metálica las golpeaba. Los de ahora hacen cualquier cosa menos tocar una campana. Hay relojes que te despiertan con música, con grabaciones, con luces que pestañean, o irónicamente, los mismos ruidos de la naturaleza que hace centurias han adormilado a la gente: olas del mar, el viento soplando entre los sauces, sapos en el bosque, grillos que cantan y toda suerte de otros sonidos. Y no solo eso sino que hay nuevas alarmas que hacen *bing, bong* y *bip* todo el santo día.

Pienso en ellos como ruidos molestos, aquellos recordatorios fastidiosos para sacar la ropa de la secadora, llenar el tanque del automóvil con gasolina y echarnos atrás a tiempo en la sección de hortalizas del supermercado para que puedan rociar las lechugas con agua y no nos salpiquen.

Mi propia casa está llena de estos aparatos. Amigos míos me los han regalado para mi Cuarto del Gozo y, para ser sincera, me ponen tan loca que a veces tengo que salir y pararme frente a la carretera para encontrar un poco de quietud. Pareciera que en casa siempre hay algo sonando.

Hace poco anuncié una moratoria a los ruidos molestos, justo cuando Bill llegó a casa con otro regalo tonto para mí: un campanero de viento eléctrico. «Mira», me dijo orgullosamente, señalando la caja. «Toca solo, de modo que puedes mantenerlo DENTRO de la casa. ¡Solo lo conectas y ya!»

¡Grandioso! pensé, sonriendo mientras rechinaba los dientes. *Ahora todo lo que necesitamos es setenta y seis trombones y un desfile y tendremos aquí un pandemónium las veinticuatro horas del día.*

Cada generador de ruido provee una salpicadura de humor, a lo menos las primeras pocas veces que lo escuchamos. Mi amiga Lynda me regaló una alarma que hace un ruido como un gallinero cada vez que abro el refrigerador. La idea era mantenerme alejada de los helados lo más posible. Pero, con madera de mártir, orgullosamente le di el aparatito fanfarrón a una amiga que lo necesitaba más que yo. (Y así pude seguir disfrutando de mi helado en paz.)

Otra amiga tenía una diferente clase de alarma en uno de sus aparatos eléctricos de la cocina. Esta amiga, a quien llamaré Clara, es una maestra retirada inteligente y equilibrada que una noche estaba viendo el programa *Jeopardy* cuando de pronto un sonido de canto de gallo reverberó por toda la casa: «Quiquiriquííííí».

Clara, absorta como estaba en competir con los concursantes de *Jeopardy* se sorprendió pero no encontró nada extraordinario en la casa. No volvió a oír el canto del gallo de modo que asumió que quizás había sido un ruido en la televisión, así es que se acomodó para ver el segmento doble del concurso de preguntas y respuestas. A la noche siguiente, justo cuando *Jeopardy* estaba terminando, de nuevo se oyó el extraño «Quiquiriquííííí».

Esta vez Clara estaba segura que el sonido no había salido de la televisión. En realidad, el canto del gallo parecía haber venido de la cocina. Pero cuando se paró y examinó la cocina, nada extraño encontró.

El gallo invisible continuó con su canto cada noche a exactamente la misma hora. Clara pensó que quizás su horno microondas era el que cantaba. Cuando me contó la historia, le dije que llamaría a esa hora para oír el sonido por mí misma. A las 7:45 en punto, Clara levantó el teléfono, lo acercó al microondas y yo pude oír claramente el «Quiquiriquíííííí».

Poco a poco, el microondas de Clara empezó a hacerse famoso entre sus amigas y familiares. Una de las cosas que les gustaba hacer era sentarse a ver *Jeopardy* y esperar que el microondas cantara su canto de gallo. Clara escribió al fabricante, preguntando si el canto era un dispositivo especial que no aparecía descrito en el manual de instrucciones. La compañía le contestó diciendo que les mandara el microondas para determinar si algún bromista en la fábrica había de alguna manera programado los componentes del microondas con este canto. Para ese entonces, Clara ya se había acostumbrado a aquel pequeño gallo que vivía dentro del artefacto y decidió dejar las cosas así.

Finalmente, la novedad pasó y Clara y el microondas cantor cayeron en una confortable rutina. Cada noche a las 7:45 en punto, justo en medio de *Jeopardy*, el microondas cantaba su «Quiquiriquíííííí» y Clara suspiraba y sonreía, disfrutando del alegre saludo del misterioso gallo. Dejó de pensar en resolver el misterio y en su lugar redondeó el caso con el versículo de Proverbios: «Gloria de Dios es encubrir un asunto» y las sabias palabras de Deuteronomio: «Las cosas secretas pertenecen a Jehová nuestro Dios».[10]

Hasta que un día cuando su nieto vino para pintarle la cocina, quitó el microondas de su lugar y encontró una pequeña ruedita magnética adherida a la parte de atrás del aparato. Adherido al imán había un pequeño reloj-alarma, algo usado por las personas ciegas. Como muchos de esos recursos para los ciegos, en lugar de un zumbido o un chillido interminente, este cantaba como gallo.

Finalmente, Clara logró saber que el pequeño imán se les daba a quienes habían contribuido a un grupo de apoyo local.

Ella sabía que su esposo había sido un fiel contribuyente de la sociedad para la prevención de la ceguera, de modo que supuso que le habían dado aquel artículo antes de su muerte. Algo que nunca se sabrá es cómo llegó a adherirse al microondas. Quizás él lo dejó en el gabinete y de algún modo cayó detrás del microondas cuando este se instaló, reemplazando a uno viejo. Comoquiera que sea, ocurrió, añadiendo una chispa de alegría a la vida de Clara mientras estuvo allí escondido, cantando exactamente a las 7:45 cada noche. Cada vez que los amigos llaman a Clara, le preguntan por el gallo, igual que si se tratara de un miembro de la familia.

Ahora el misterio está resuelto y *Jeopardy* no parece atraer mucho a mi amiga. Ella podría ser la candidata ideal para entenderse con el nuevo microondas descrito recientemente en el periódico. La puerta, además de cumplir su función de tal, también actúa como un televisor y una computadora. De modo que mientras la pizza gira dentro, ella puede cerrar la puerta, entrar a Internet, mandar un correo electrónico e incluso ver su programa de televisión favorito, ¡*Jeopardy!* Probablemente no sea tan inspirador como el microondas que canta como gallo, pero no lo deja muy atrás.

Campañeros celestiales

Nos gustan estas historias porque nos hacen reír (sobre todo cuando les ocurren a otros) pero al mismo tiempo nos hacen pensar que en el cielo ninguno de nosotros estaremos confundidos por falsas presunciones y escenarios absurdos. No seremos burlados por cantos de gallo ni desafiados por misterios. De seguro que en el cielo reiremos, pero reiremos por la alegría de estar en la presencia de Dios y con nuestros seres queridos y todos los demás miembros de las huestes celestiales. Como un lápida centenaria en el cementerio Brompton de Londres, tan sencillo pero hermoso como dice la lápida, nosotros estaremos

CON CRISTO, LO CUAL ES MUCHO MEJOR.[11]

Cuando andemos por aquellas calles de oro, los ruidos que nos atormentan aquí en la tierra serán cosa del pasado. No habrá choferes furiosos erizándonos los pelos con sus bocinazos. No habrá relojes con alarma que nos griten para despertarnos. No habrá graznidos de aves raras en la computadora cuando cometemos un error. No habrá detectores de metales deteniéndonos cuando corremos a la oficina o al aeropuerto. Todos aquellos ruidos molestos de la tierra quedarán atrás, así como todas aquellas palabras que nos fastidian. Nunca más oiremos:

- «Su cita era para ayer».

- «Esta línea está cerrada».

- «Su solicitud ha sido denegada».

- «Su cuenta está sobregirada».

- «Su pago está atrasado».

- «Ha habido un accidente».

- «El director quiere verte».

- «Hicimos todo lo que pudimos».

- «Lo siento».

- «Demasiado tarde».

- «Muy malo».

- «Adiós».

- «¡Vaya!»

¿No es maravilloso pensar que nos dirigimos a la gloria, donde solo habrá sonidos de gozo y palabras de amor? En aquel gran coro reunido en la Plaza Aleluya cantaremos lo que los cristianos han predicado por décadas en los viejos y majestuosos himnos:

- «Cantaremos y gritaremos la victoria».

- «Cantaré y gritaré gloria en las alturas».

- «Cantaré para siempre canciones de alabanza a Él».

- «Cantaré con la resplandeciente corona en mi cabeza».

- «Y allí proclamaré, mi Dios, cuán grande es Él».

¡Estoy lista, ahora mismo!

Rompenubes

Nunca pongo mi cabeza en la almohada sin antes pensar que quizás antes que raye el alba, la mañana final habrá llegado. Nunca comienzo mi trabajo en la mañana sin pensar que quizás Él puede interrumpir mi trabajo y empezar el suyo. Una persona con una actitud así sin duda está a la espera del regreso del Señor. ¡Es la única manera de vivir!

G. Campbell Morgan

Los días se despliegan:
Escribe en ellos solo lo que te gustaría que se recordara.

Bachya ibn Pakuda

No hay nada humillante en morir. Sé de las personas más respetables que lo han hecho.

C.S. Lewis,
Cartas a una dama americana

El alumno más pequeño de la clase pre-escolar en la iglesia siempre se roba el show en el programa anual de Navidad. El año pasado los niños (ninguno de los cuales lee todavía) levantaron cartones de tres pies de altura brillantemente coloreados, con palabras alusivas a la Navidad. Lo divertido llegó cuando cuatro de ellos exhibieron muy orgullosos la palabra «estrella» («star» en inglés) al revés, con lo que se leyó «ratas».

Operador de Emergencias: 911, ¿cuál es su emergencia?
Persona que llama: ¿Podrían mandar a la policía a mi casa?
Operador: ¿Qué ocurre allí?
Persona que llama: Llamé a mi casa y alguien contestó el teléfono, pero yo no estoy allá.

Para la mamá, fue uno de esos agitadísimos días. Su pequeño hijo, que había estado jugando afuera, entró con los pantalones rotos. «Anda a tu cuarto, quítate esos pantalones y empieza a remendarlos tú mismo», le ordenó la madre.

Un rato después, ella fue a ver cómo iba el trabajo. Los pantalones rotos estaban colgando del respaldar de una silla y la puerta que daba al sótano, usualmente cerrada, estaba abierta. Ella llamó con voz potente y firme:

«Joven, ¿anda usted por ahí sin sus pantalones?»

«No, mamá», se oyó la voz del niño. «Solo estoy leyendo el medidor del gas».[12]

Oye, pueblo mío, y te amonestaré ... si me oyeres.[13]

Estoy pensando hoy en aquella hermosa tierra
A la que llegaré cuando el sol se oculte;
Cuando por la maravillosa gracia de mi Salvador allí estaré,
¿Habrá algunas estrellas en mi corona?

¿Habrá algunas estrellas en mi corona
Cuando al atardecer el sol se oculte?
Cuando despierte con los benditos en las masiones de descanso
¿Habrá algunas estrellas en mi corona?[1]

Ponle un geranio
a tu corona estrellada

No es extraño que las mujeres me digan que mi libro *Stick a Geranium in Your Hat and Be Happy* [Ponte un geranio en el pelo y sé feliz] les ha ayudado a aprender a reír aun durante los días más horribles de sus vidas. El libro describe mi propio viaje a través del túnel que me ha sacado del pozo negro de la vida. Más importante que eso, en él yo comparto el alivio que encontré cuando aprendí cómo Dios usa el humor para sanar nuestras heridas. Cuando aprendemos a reír de nuevo a pesar de nuestras dificultades, confirmamos la premisa según la cual «el dolor es inevitable pero sentirse miserable es opcional».

Como el libro fue publicado hace unos pocos años, me he encontrado con miles de personas, especialmente mujeres, que han adoptado la filosofía de la «flor» y han decidido reír en medio de las adversidades. Y ocasionalmente sé de hombres que también se han beneficiado con mi libro, por lo general pastores o consejeros cristianos. Pero hasta donde llega mi conocimiento, Duward Campbell fue el primer «cowboy». Un ranchero alto y rudo del oeste de Texas, Duward puso una flor en su sombrero y aprovechó cada oportunidad para reír, a pesar de las contrariedades de la vida. Con una sonrisa en el rostro y un corazón rebosante del amor de Dios, él literalmente vivió bailando, y bailó incluso a las puertas mismas de la muerte.

Poco después que se le diagnosticara un cáncer terminal, alguien dio a Duward un ejemplar del libro, y él lo atesoró en su corazón. Aun ahora su esposa Gwen disfruta al recordar a Duward con un geranio en la cinta de su sombrero de cowboy mientras andaba en su caballo o disfrutaba de un café con sus amigos rancheros en el local del Dairy Queen.

Y cuando Duward se transformó en un «cowboy con geranio» no solo *usó* geranios, sino que los *cultivó*. El jardín alrededor de la casa de los Campbell en Haskell, Texas llegó a ser su proyecto de geranios y pronto todo el lugar estaba inundado con aquellas flores rojas brillantes. Para él, los geranios no eran simplemente flores. Eran un recordatorio a todos los que lo conocían que Duward Campbell, un cristiano poderoso, había decidido conscientemente reírse en lugar de quejarse de sus problemas. Sí, porque aunque no era hombre de muchas palabras, Duward sabía hacia dónde se dirigía, y esa seguridad le daba el valor para ser feliz aun cuando estaba frente a frente con la muerte.

A menudo, mi amiga Marilyn Meberg habla de personas inspiradas que se las arreglan para ayudar a otros a salir adelante en la vida así como ellos salieron. Cuando alguien

recortó del periódico el largo y llamativo obituario de Duward Campbell, supe que él había sido una de esas personas.
El elogio decía, en parte:

> Cowboy de 6'2" y de aspecto tosco pero apuesto,
> Duward fue una presencia imponente en su comu-
> nidad. Aun en medio de los estragos del cáncer, su
> indomable espíritu prevaleció. A menudo ponía un
> geranio en su sombrero de cowboy y citaba el título
> del libro de Barbara Johnson, *Ponte un geranio en tu
> sombrero y sé feliz* ... A sus amigos y familiares, él dejó
> un legado de pensamiento positivo, actitud amisto-
> sa y amor penetrante.

Así como aquellos geranios rojos brillaron en la vida de
Duward Campbell, él brilló en las vidas de otros, especialmente su esposa y su familia, incluyendo a sus amados
nietos. Les habló a ellos de su cáncer, de lo que pronosticaban
los médicos y de su propia decisión de, a pesar de las malas
noticias, seguir siendo feliz. Y en su acento, les habló con toda
franqueza: «Ustedes pueden ser lo que quieran ser. Pueden
ser unos miserables, bajar los brazos y dejarse morir, o pueden poner un geranio en su sombrero y ser felices».

Para todos los que lo conocieron no hubo dudas sobre la
elección que había hecho Duward. Había aprendido el secreto acerca del cual habló el apóstol Pablo cuando dijo:

> He aprendido el secreto de estar contento en cual-
> quiera y cada situación ... Puedo hacer cualquier
> cosa a través de Él que me da la fuerza.[2]

Como miles de cristianos gozosos que han partido al cielo
antes que él, Duward Capbell se rió de la muerte. No tuvo
miedo de morir. Y en la forma valiente en que partió de esta
vida también inspiró a los amados que quedaron aquí.

Uno de los muchos recuerdos felices que siguen alentan-
do a Gwen es su determinación de mantenerse hasta el final

haciendo las cosas que le gustaba hacer. Una era bailar. Una noche disfrutaron de lo lindo bailando danzas tejanas y del sur de los Estados Unidos. Gwen se ríe ahora cuando recuerda cómo solo un par de semanas antes de su muerte, los dos bailaron de nuevo, con Duward conectado al tanque de oxígeno que le permitía respirar.

Otro recuerdo agridulce, irónicamente, es el día cuando un médico de Fort Worth le dijo a Duward que el cáncer había empeorado.

«ESTO TAMBIÉN PASARÁ»

Usado con permiso de Samuel J. Butcher, creador de *Precious Moments*.

Cuando el oncólogo llegó con los resultados de la última biopsia, su rostro estaba sombrío. «Me temo que traigo malas noticias», empezó diciendo.

«Bueno, dispárelas», respondió Duward impaciente. «No necesito que me lo diga. Yo sabía que las noticias no eran buenas. Todos mis geranios se están muriendo».

Al oírlo decir eso y ante el temor de que su gozo se debilitara, Gwen se alejó en silencio y llamó a una de sus hijas a un pueblo vecino. «No sé cómo van a hacerlo», le dijo, «pero deben encontrar algunos geranios para papá».

Era avanzado el otoño, muy pasada la primera helada, y mientras Gwen y Duward hacían el viaje de cuatro horas en automóvil desde Fort Worth tarde en la noche, Gwen iba pensando en que sus hijas tendrían que encontrar de alguna manera geranios en flor. Aunque había llamado tan tarde, y la estación ya había pasado, ella estaba segura que de alguna forma los geranios aparecerían, aunque fuera uno.

«Pero cuando llegamos a casa y abrimos la puerta», recuerda, riendo, «debe de haber habido un millón de ellos. La casa estaba llena de geranios».

Duward murió en octubre de 1997, y así como llenaron la casa de geranios cuando él necesitó que se le alentara, así sus familiares y amigos llenaron la iglesia con geranios para su funeral. Sobre su urna se puso una alfombra de geranios amarrados de a dos con finas cuerdas de piel de vaca, por lo que no faltó la risa en el servicio fúnebre, tal como él lo había pedido. Cuando el servicio finalizó, sus amigos le ofrecieron como último tributo su canción favorita: «Vals a través de Texas».

Hace poco, el pequeño nieto de Gwen Capbell recordó los últimos días de su abuelo, preguntando: «Abuelita, ¿estará el abuelo en cama en el cielo?»

«Oh, no, mi amor», le dijo Gwen con una sonrisa. «Estoy segura que no está en cama. Ya no está más enfermo».

La respuesta hizo que una franca sonrisa se dibujara en el rostro del niño, mientras exclamaba: «Estoy seguro que le estará enseñando a Jesús los bailes que tanto le gustaban a él».

Acostumbrarse a usar una corona

Sé que es un poco tonto, pero cuando pienso en Duward Campbell y otros cristianos felices en el cielo, danzando en aquellas calles de oro, me los imagino no con aquellas majestuosas coronas descritas tan hermosamente en las Escrituras, sino con sus sombreros de cowboy, sus gorras de béisbol, sus cascos de bomberos, sus sombreros para el sol y cualquiera otras formas de sombreros, símbolos del trabajo que realizaron en la tierra. Y, por supuesto, cuando mi imaginación está realmente desbocada, veo geranios descolgándose por todas partes.

Para algunos de nosotros quizás parezca demasiado sofisticado eso de usar coronas celestiales, pero eso es lo que la Biblia dice que tendremos, «una corona que durará para siempre».[3] A continuación algunas de mis promesas favoritas de coronas que estarán a nuestra disposición en el cielo:

He peleado la buena batalla, he acabado la carrera, he guardado la fe. Por lo demás, me está guardado la corona de justicia, la cual me dará el Señor, juez justo, en aquel día; y no solo a mí sino también a todos los que aman su venida.[4]

Bienaventurado el varón que soporta la tentación; porque cuando haya resistido la prueba, recibirá la corona de vida, que Dios ha prometido a los que le aman.[5]

Y cuando aparezca el Príncipe de los pastores, vosotros recibiréis la corona incorruptible de gloria.[6]

Porque ¿cuál es nuestra esperanza, o gozo, o corona de que me gloríe? ¿No lo sois vosotros, delante de nuestro Señor Jesucristo, en su venida?[7]

¿No sabéis que los que corren en el estadio, todos a la verdad corren, pero uno solo se lleva el premio?

Corred de tal manera que lo obtengáis. Todo aquel que lucha, de todo se abstiene; ellos, a la verdad, para recibir una corona corruptible, pero nosotros, una incorruptible.[8]

Hace unos pocos años cuando Florence Littauer y yo éramos ambas conferenciantes en una reunión de mujeres, me sentí fascinada por la descripción que hizo de estas cinco clases de coronas: la corona de justicia, de vida, de gloria, y de gozo, y la corona incorruptible. Dijo a la audiencia que había sido cristiana durante quince años antes de aprender que habría coronas para ella en el cielo. «Saber eso sazonó toda mi vida cristiana», dijo, explicando que «siempre había querido ser una reina».

Florence dijo que su estudio de la Biblia la había hecho creer que nosotros no nos ganamos el cielo, pero que a través de nuestro trabajo aquí en la tierra, algunos de nosotros podemos ganar coronas celestiales. Por ejemplo, pudiera ser que 2 Timoteo 4.8 esté diciéndonos que la corona de justicia se puede ganar siendo fiel a través de nuestra vida cristiana y de estar permanentemente mirando hacia adelante a la Segunda Venida de Cristo. Joni Eareckson Tada dice que esta corona es «para todos los que tienen comezón de que Cristo vuelva».

La corona de vida puede ser para quienes aman a Dios más que a ellos mismos y que no solo soportan la adversidad sino que se sobreponen a ella, que muestran gozo en medio de las pruebas. El antiguo dicho popular es verdad: No habrá coronas en el cielo para quienes no tuvieron su cruz aquí en la tierra.

La corona de gloria pudiera estar reservada para quienes «se humillan bajo la poderosa mano de Dios» y que «alimentan (sus) corderos, o ayudan a quienes lo hacen».[9]

La corona de gozo puede estar esperando a los cristianos que comparten el evangelio con otros dondequiera que van.

Finalmente, la corona incorruptible, dice Florence, está esperando a los que son disciplinados y bien preparados en la vida cristiana. Estos son los creyentes que están dedicados a la oración y son fieles en el estudio de la Biblia.

Preparación para la realeza

Para algunos de nosotros, esta idea de usar una corona es algo a lo que tendremos que acostumbrarnos. No es fácil imaginarse como miembro de la realeza. ¡Quizás necesitemos una pequeña práctica!

En mi mente, una de las formas en que podemos prepararnos para esta función real es siendo un buen ejemplo para nuestros conciudadanos aquí en la tierra, de la misma manera que Jesús, nuestro Rey de reyes divino, lo fue para nosotros. Sabemos que Él reina en amor, cubriendo con su gracia a todos sus súbditos. Él piensa en nosotros como sus hijos, sus ovejas y nos nutre a medida que seguimos sus pisadas.

De la misma manera, nosotros nos preparamos para ocupar nuestro lugar junto a su trono en el cielo practicando amor aquí en la tierra. Somos un ejemplo de fe cristiana cuando soportamos las pruebas de la vida con valor e incluso con gozo, en la forma en que Duward Campbell y tantos otros creyentes devotos lo han hecho. Y adondequiera que vayamos, daremos a conocer el cuidado de Dios por sus hijos de modo que podamos ser un medio para que su amor alcance a otros.

El Rey de la creación quiere que nosotros, sus súbditos, tengamos gozo y nos amemos los unos a los otros. En realidad, Él nos ha dicho que su prioridad número uno es el amor: Su amor por nosotros, nuestro amor por Él y por los demás. Así que, nuestra responsabilidad como miembros de la realeza celestial en entrenarnos aquí en la tierra es, sobre todo, difundir su amor.

El gozo engendra gozo

Jesús también quiere que tengamos gozo. Pero así como algunos de nosotros tenemos que acostumbrarnos a la idea de usar una corona celesial, otros tendrán que trabajar en ser gozosos hasta que llegue a transformarse en hábito. ¿Conoces tú la diferencia entre *gozo* y *felicidad*? La felicidad depende de lo que ocurre a nuestro alrededor. Pero el gozo verdadero brota de adentro y es constante, sin importar nuestras circunstancias.

Una forma de desarollar el hábito del gozo es desarrollar una actitud de gratitud. Como alguien dijo, Dios tiene dos lugares donde estar: el cielo y un corazón agradecido. Cuando Dios habita en nuestros corazones agradecidos, no podemos ser otra cosa que personas con gozo. Esta verdad es confirmada por la ciencia. Después de años de estudiar a la gente con temperamento gozoso, un investigador llegó a la conclusión que «el primer secreto es la gratitud. Toda la gente feliz es agradecida. Las personas desagradecidas no pueden ser felices».[10]

Es imposible sentirse miserable mientras nos imaginamos usando la corona que Jesús nos ha prometido y decimos: «¡Gracias, oh Dios!» Es muy difícil plantar un alegre geranio en tu sombrero (o tu casco o tu gorra) si eres una persona triste. Si no eres tan valiente como lo fue literalmente Duward Campbell, a lo menos lo puedes ser en tu imaginación. Solo imagínate, sin importar las circunstancias, que cada día que asomas tu cabeza al mundo, lo haces luciendo gozosamente un sombrero tonto, o una corona celestial. Y deja que tus primeras palabras cada mañana sean: «¡Gracias, Dios!»

Henri Nouwen ofrece algunas sugerencias adicionales para ser agradecidamente gozosos. Dice:

Podría ser una buena idea preguntarnos cómo desarrollar nuestra capacidad para decidir ser gozosos. Quizás podemos pasar un momento al final de cada día y decidir recordar ese día, cualquier cosa que haya ocurrido, como un día para estar agradecido de Él. Al hacerlo, aumentamos la capacidad de nuestro corazón para ser gozosos. Y como nuestros corazones llegan a ser más gozosos, nosotros llegaremos a ser también, sin un esfuerzo especial, una fuente de gozo para los demás. Así como la tristeza genera tristeza, así el gozo genera gozo.[11]

RAFAEL

«Llegaron los resultados, Su Majestad, y ahora sé lo que le provoca esos dolores de cabeza».

Un espíritu que tiende hacia la luz
Cuando tu corazón está lleno del amor de Dios y tu cabeza brilla con su corona, tú no puedes sino expresar gozo. E invariablemente otros «captarán» tu actitud gozosa porque, como Nouwen dice: «El gozo es contagioso». Él aprendió esto de un amigo que «irradia gozo, no porque su vida sea fácil, sino porque ya es un hábito en él reconocer la presencia

de Dios en medio del sufrimiento humano, el suyo propio y el de los demás». La descripción que Nouwen hace de su amigo ofrece un patrón que deberíamos tratar de copiar:

> Adondequiera que vaya, con quien sea que se reúna, es capaz de ver y oír algo hermoso, algo por lo cual sentir gratitud. Él no niega la gran tristeza que lo rodea y no es ciego ni sordo a las agonizantes señales y sonidos de los demás, pero en medio de las tinieblas, su espíritu busca la luz y las oraciones en medio de los gritos de desesperación.
>
> Su mirada es amable; su voz es suave. No tiene nada de sentimental. Es realista, pero su fe profunda le permite saber que la esperanza es más real que la desesperación, la fe es más real que la desconfianza, y el amor es más real que el temor. Es este realismo espiritual que lo hace un hombre tan gozoso.[12]

Mientras más estuvo con su amigo gozoso, dice Nouwen, «más (capté) los rayos del sol que alumbraban a través de las nubes... Mientras mi amigo siempre hablaba del sol, yo prefería hablar de las nubes, hasta que un día me di cuenta que era el sol el que me permitía ver las nubes. Los que se mantienen hablando del sol mientras caminan bajo un cielo nublado son mensajeros de esperanza, los verdaderos santos de nuestros días».[13] Al «agarrar» el gozo de su amigo, Nouwen debe también haber aprendido la verdad que Helen Keller enseñó: «Las cosas mejores y más hermosas en el mundo no pueden verse ni tocarse. Deben sentirse con el corazón».

Las coronas brillan con las estrellas

Somos hijos de Dios, miembros de la familia real de Jesús, la luz de nuestro Padre brilla a través de las nubes de tristeza de los demás. ¡Ponte tu corona imaginaria (por ahora) en la cabeza, libera tu más brillante sonrisa, y ve por ahí derramando gozo!

Benditos son los servidores de corazón alegre

Los que brillan con el gozo del Maestro

Y el Dios de esperanza os llene
de todo gozo y paz en el creer, para que
abundéis en esperanza por el poder
del Espíritu Santo (Romanos 15.13)

¿Te has fijado cómo una persona con una sonrisa brillante puede iluminar un cuarto lleno de desagrado? Piensa en la mujer descrita como «gran señal» cerca del final del libro de Apocalipsis, que estaba «vestida del sol, con la luna debajo de sus pies y una corona de doce estrellas sobre su cabeza».[14] Solo imaginar la luz que proyectaba esa imagen me impulsa a correr en busca de mis anteojos para el sol. Pero esa es la clase de impacto que podemos tener al llevar la Palabra de Dios a los que aun están sufriendo su propia oscuridad.

Capacitados por esta imagen, podemos andar confiadamente a través de las más oscuras noches de la vida. Como Norman Vincent Peale a menudo recuerda a sus oyentes, «la idea no es que pasemos por la vida con (nuestras) manos y rodillas» y nuestrras caras en el fango.[15] ¡Deja que tu luz brille! Decídete por el gozo en cada paso de tu caminar a través de la vida y compártelo con los demás. Al hacerlo, serás bendecido con la felicidad sin importar tus circunstancias. Recuerda lo que Jesús nos dijo que hiciéramos: «Así alumbre vuestra luz delante de los hombres, para que vean vuestras buenas obras, y glorifiquen a vuestro Padre que está en los cielos».[16]

Así como solo una pequeña cantidad de sal puede marcar la diferencia en una comida, la luz de un cristiano gozoso puede irradiar el amor del Dios Todopoderoso al mundo. Eso me hace recordar la historia del hombre rico que llamó a sus tres hijos a su lecho de enfermo. Les dijo: «Quiero dejar mi fortuna intacta, de modo que a cada uno de ustedes daré la misma tarea para ver cuál es más hábil para administrar el dinero. En la bodega hay tres cuartos de almacenamiento, todos del mismo tamaño. Aquí hay un saco de plata para cada uno. Su trabajo es este: Cada uno llene su cuarto hasta donde pueda con lo que pueda comprar su plata».

El primer hijo pensó mucho sobre cómo obtener lo más posible con su dinero. Y usó la plata para comprar arena. Pero aun cuando su dinero le permitió comprar varias vagonetas de arena, cuando la plata se acabó, el cuarto estaba lleno solo una tercera parte.

El segundo hijo usó toda su plata en comprar tierra, pero solo alcanzó a llenar la mitad del cuarto.

El tercer hijo observó a sus hermanos tratando infructuosamente de llenar sus cuartos con la plata que su padre les había dado. Entonces usó solo parte de las monedas de plata y compró algunas velas y fósforos ... y llenó el cuarto con luz.[17]

El principio de la oración

Alguien dijo que una sonrisa es el sistema de iluminación del rostro y el sistema de calefacción del corazón. Y las sonrisas pueden fácilmente evolucionar en risa, aquel sonido que solo los hijos de Dios pueden hacer. Como dijo Reinhold Niebuhr,

> El humor es el preludio de la fe,
> y la risa es el principio de la oración.

A primera vista, puede ser un poco difícil pensar en que la risa pudiera ser el «principio de la oración». Pero recuerda que un corazón feliz emerge de un corazón agradecido. Cada vez que te rías con una risa salida del corazón podrás comprobar cuán natural resulta en ese momento comenzar la oración con un: «¡Gracias, Señor!»

Alumbra la esquina donde estás

Hay tantas formas en que podemos usar la luz que Cristo nos da, la corona engalanada de estrellas en este mundo, ayudando a otros a ver la bondad de Dios brillando a través de las nubes. A veces solo toma un momento hacer un gran impacto en la vida de alguien.

Por ejemplo, se cuenta esta historia del Dr. Albert Schweitzer, el famoso médico-misionero y ganador del Premio Nobel quien pasó su vida ayudando «a los más pobres entre los pobres» en África:

> Periodistas y autoridades se reunieron en la estación ferroviaria de Chicago para esperar la llegada del ganador del Premio Nobel.

Cuando el tren se detuvo, él bajó, un gigante de 6′4″ con pelo remolineado y un gran bigote.

Las cámaras entraron en acción, las autoridades vinieron a él con los brazos extendidos y empezaron a hablarle sobre lo honrados que se sentían que se reuniera con ellos. Él les agradeció y luego, mirando por sobre sus cabezas, pidió que lo excusaran por un momento. Caminó, entonces, a través de la multitud hasta llegar adonde una anciana que estaba teniendo problemas para arrastrar dos grandes maletas.

Él tomó las maletas con sus grandes manos y sonriendo, escoltó a la mujer hasta un omnibus. La ayudó a subir y le deseó un buen viaje. Mientras tanto, la multitud permanecía en silencio, detrás de él. Se volvió a ellos y dijo: «Siento haberlos hecho esperar»

Uno de los miembros del comité de recepción comentó a uno de los periodistas: «Es la primera vez que veo un sermón andante».[18]

La ya fallecida Erma Bombeck, una de mis amigas favoritas, tenía un verdadero don para hallar gozo en cualquier situación. Uno de sus primeros trabajos fue escribir obituarios en un periódico, seguramente un trabajo tan aburrido como enderezar presillas o llenar cajas con bolas de golf. Pero Erma encontró la manera de reír de la situación. Contó a sus amigos lo emocionada que estaba su madre cuando lleyó los obituarios que Erma había escrito. «Estaba tan impresionada al ver que yo tenía a todas las personas en orden alfabético», se reía Erma. Y en una ocasión le dijo en broma que quería que el epitafio en su tumba dijera nada más que:

Me estoy convirtiendo en polvo.

¡Quién tuviera la actitud gozosa de Erma, la misma actitud gozosa de una pequeña en otra historia de Henri Nouwen! Nouwen estaba entrevistando a una artista cuando la pequeña hija de cinco años de la dama entró de improviso en el cuarto. «Hice un cake de cumpleaños con arena», le dijo con dulzura a Nouwen. «Ahora quisiera que venga y haga como que se lo come y como que le gusta. ¡Será divertido!»

La madre de la niña sonrió a Nouwen y le dijo: «Mejor vaya con ella antes que conversar conmigo. Posiblemente ella tenga más que decirle que yo».[19]

¡Algunos de nosotros necesitamos aprender cómo ser portadores gozosos de la corona de Dios, y los maestros que nos enseñen esta lección no tienen necesariamente que ser ganadores del Premio Nobel! Incluso pueden ser niños inocentes, quienes con más frecuencia parecen poseer un don natural para reír. A nosotros nos corresponde dejar que otros nos enseñen.

Responsabilidades de los portadores de coronas

Si fuéramos herederos reales de un monarca terrenal, tendríamos que atender numerosas responsabilidades, como dirigir una campaña militar o asistir a profusos asuntos de estado. En cambio, somos herederos de un Rey siervo, a quien honramos sirviendo a otros en humildad y amor. Nuestras responsabilidades no pueden ser hechos gloriosos que nos hagan ganar aplausos, por lo menos no en este lado del cielo. Aquí, nuestras tareas pueden ser algo mucho más sencillas e incluso mucho más importantes:

Dar una palabra de sanidad a un corazón quebrantado.
Extender una mano a alguien que ha caído.
Ofrecer una sonrisa a quienes han olvidado como reír.
Animar al soñador que se siente derrotado.
Compartir la dolorosa soledad de alguien que está solo.
Aliviar la carga de alguien agobiado por una tarea ingrata.

Tranquilizar al escéptico y apoyar al creyente.
Hacer brillar la Palabra de Dios en medio de la
oscura noche de los demás.

Hay una historia inspiradora acerca de un hombre que
estaba descorazonado por todas las penas que había visto en
el mundo que lo rodeaba. A donde mirara se encontraba con
las evidencias de nuestro mundo destrozado: hijos abando-
nados, abusos en los matrimonios, hombres y mujeres deses-
perados que sufrían dolores indecibles.

Frustrado, el hombre clamó: «¡Dios! ¿Por qué no haces
algo?»

«Ya lo he hecho», contestó Dios. «Te hice a ti».

Coronas con barboquejos
Nuestras coronas celestiales seguramente serán ornamen-
tos gloriosos que usaremos mientras cantemos alabanzas
a nuestro Rey cuando lleguemos al cielo, pero aquí en la
tierra, la corona de servicio de Cristo debería venir con una
cinta para sujetarla debajo de la barbilla porque tenemos
un montón de trabajo que hacer. Recientemente, una amiga me mandó un ensayo que describe los «garabatos» que
aparecen en el diario de oración de otra mujer. Uno de los
dibujos es una corona, puesta allí como recordatorio de
que debe orar por sus hijos, que «lo que son ahora no es lo
que van a ser mañana». Lo mismo es verdad en cuanto a
todos nosotros. Y es posible que NOSOTROS seamos los
instrumentos que Él está usando para amar o alentar a otra
persona. Como el escrito dice: «Dios mismo está trabajan-
do en (todos nosotros) y Él completará lo que ha empeza-
do». Sus pensamientos son un eco de la sabiduría del
apóstol Juan, quien escribió:

Todo aquel que confiese que Jesús es el Hijo de Dios,
Dios permanece en él, y él en Dios ... Dios es amor;

y el que permanece en amor, permanece en Dios, y
Dios en él. En esto se ha perfeccionado el amor en
nosotros, para que tengamos confianza en el día del
juicio; pues como Él es, así somos nosotros en este
mundo.[20]

Dios el Padre es nuestro Rey. Como Él, un día usaremos
una corona de gloria. Él nos estará esperando cuando lleguemos al pie de su trono. No habrá necesidad de arreglar la
medida, ni demora en adaptarla. ¡Dios conoce el tamaño de
nuestra cabeza!

Rompenubes

Porque Jehová se deleita en su pueblo;
Él corona al humilde con la salvación.[21]

«¡Cómo quisiera que el Señor viniera mientras yo
estoy viva!», la Reina Victoria de Inglaterra dijo a
uno de sus asesores.
Cuando este le preguntó por qué, «su semblante
se iluminó y con profunda emoción, replicó: "Porque pondría mi corona a sus benditos pies en adoración reverente"».[22]

La primera sonrisa del día

¡Oh, mira!, el Salvador bendito,
Calmado después de un solemne descanso,
De pie en el jardín debajo de sus ramas de
    olivo.
La primera sonrisa del día
Juega con su manto
E ilumina la majestad de su frente tranquila
Mientras los ángeles con sus alas desplegadas
Mantienen la nueva corona sobre su cabeza
    santa.

Jean Ingelow

En mansiones de gloria e interminable deleite,
Yo lo adoraré por siempre en el cielo luminoso;
Cantaré con la brillante corona en mis sienes;
Si siempre te amé, mi Jesús, más ahora.

William R. Featherstone

No sé cuando Jesús va a venir. Estoy en el Comité de recepción, no en el Comité de planeamiento.[23]

Poco después de la publicación de *Ponte un geranio en el pelo y sé feliz* me invitaron a hablar en la gran iglesia de David Jeremiah, en San Diego, donde el «boleto» para entrar era usar algún tipo de sombrero loco. Era muy divertido estar de pie en el podio y mirar ese mar de sombreros estrafalarios que coronaban las cabezas de mil quinientas señoras. El sombrero de una de ellas era accionado por baterías, con luces que pestañeaban y destellaban. Pero la idea que se robó el show fue la representación de la risa en el basurero de la vida. Y sobre su cabeza llevaba un orinal boca abajo decorado con un geranio.

Toma muchas horas llenar un cubo de agua si lo haces gota a gota. Aun cuando el cubo parezca estar lleno, aun pueden ponerse algunas gotas más. Finalmente, por supuesto, una nueva gota desbordará el cubo.

Lo mismo sucede con la bondad. La mayoría de la gente agradece aun una acción bondadosa, pero al mismo tiempo hay tantos que encuentran tan difícil expresar su gratitud. No dejes que esto te detenga. Finalmente tú harás una cosa por pequeña que sea que hará que los corazones se desborden.[24]

Termina entonces su nueva creación
Seremos puros y sin mancha;
Podremos ver su gran salvación,
Perfectamente restaurada en Él;
Cambiada de Gloria en gloria,
Hasta que en el cielo ocupemos nuestro
    lugar,

Según sus últimas cifras, si se retira hoy, usted podrá vivir muy confortablemente hasta más o menos las 2 de la tarde de mañana.

Hasta que nos quitemos nuestra corona ante Él,
Perdidos en un mar de maravillas, amor y
alabanza.

> Charles Wesley:
> «Amor divino»

¡Nunca te des por vencido! La corona de hierro de los sufrimientos precede a la corona dorada de gloria.

Las riquezas de los sabios son su corona.[25]

Tengo una mansión allá en la cumbre,
En aquella tierra brillante donde nunca envejeceremos;
Y algún día allá nunca más nos extraviaremos,
Sino que andaremos en calles del más puro oro.[1]

¡Por fin, fabulosamente hogar!

El teléfono sonó un día cuando llegaba a casa del correo y traía en manos y brazos una gran cantidad de correspondencia y paquetes que había recogido. Como pude levanté el auricular al pasar y oí una voz que decía: «¡Oh, Barb! ¡Tengo que hablar contigo. Durante días he tratado de conseguir tu número telefónico pero gracias a Dios que por fin te encuentro!»

Pasando la carga de cartas y paquetes de un brazo al otro, sujeté el auricular entre el hombro y la barbilla. «Espere un momento», dije: «Voy a tomar otro teléfono donde pueda estar más cómoda. ¿Puedes esperar un minuto?»

«¡Está bien!», ella respondió.

Solté el auricular, que quedó colgando, y me fui a echar toda esa carga encima del escritorio. En mi viaje de regreso a la sala mis ojos se detuvieron en ciertas cartas que tenía que dejar en el buzón para que las retirara el cartero (recibimos correspondencia tanto en el buzón de la casa como en el apartado postal). No me tomaría más de un segundo llevar las cartas afuera, así es que salí corriendo cuando ... ¡Oopp!

El cartero ya había pasado y el buzón estaba lleno. Saqué toda la correspondencia, volví corriendo a la casa, tiré la correspondencia encima de la mesa, y de pronto recordé que tenía que sacar la ropa de la lavadora. Moviéndome rápidamente, trasladé la ropa a la secadora y solo entonces pude meterme dentro de mi Cuarto del Gozo, subirme a la bicicleta de ejercicios y ponerme a pedalear al tiempo que atendía el teléfono.

«¡Ya estoy de vuelta!», dije, exhausta.

«¿Tanto te tarda ir de un teléfono a otro?», dijo la mujer en el otro extremo de la línea, evidentemente molesta. «Tenía entendido que vives en una casa rodante».

La gente tiene toda clase de imágenes de las casas rodantes, pensé. Aparentemente, esta señora piensa que Bill y yo vivimos en una casa del tipo de acampar. No es tan pequeña, o a lo menos no lo parece cuando tengo que limpiarla. Y está ubicada en un parque encantador que tiene un hermoso lago con áreas verdes y fuentes de agua y una gran piscina y jacuzzi. De modo que no es exactamente lo que la gente cree que es cuando piensa en una casa rodante. Hace veintiún años que vendimos nuestra casa y nos trasladamos aquí cuando los hijos se fueron, para tener la comodidad y la conveniencia de un estilo de vida calmado. Por ese tiempo no teníamos la más mínima idea que habría de nacer Ministerios Espátula y que tendríamos que viajar con tanta frecuencia como lo hemos hecho. Pero en la economía de Dios, esa era parte de su plan para nosotros. De modo que amamos la libertad que tenemos aquí y todas las cosas placenteras que la acompañan.

Construimos un gran cuarto al que le pusimos Cuarto del Gozo. Allí nuestras visitas pueden reír a su antojo con la gran cantidad de juguetes y letreros y cosas que cuelgan por todos lados, hechas precisamente para que nos hagan reír.

Hace algunos años recibimos en nuestro Cuarto del Gozo a una madre con su corazón destrozado porque su hijo estaba muriendo de SIDA. Había atravesado todo el país para asistir en California a una reunión especial de nuestro grupo local de Espátula. Viajó en nuestro viejo Volvo de regreso a nuestra casa después de la reunión, dándonos las gracias por hacerla sentirse tan bienvenida. Se instaló en el Cuarto del Gozo, disfrutando con todas las cosas que hay allí. De vez en cuando mientras se preparaba para ir a la cama, la podíamos oír riéndose de algo que había encontrado en una esquina o colgando de la pared.

Algunos meses más tarde, cuando tuve que hablar en un lugar cercano a su casa en Florida, nos invitó a pasar un par de noches en su casa, como para «devolvernos la hospitalidad», según dijo. Me fue a recoger al lugar donde estaba hablando y nos llevó a su casa en un lujoso automóvil. Al llegar al lugar donde vivía, quedé asombrada por el tamaño de las viviendas. ¡Eran verdaderas mansiones!

Cuando nos llevó a su casa, me quedé sin aliento. Los inmensos cuartos eran una maravilla. Los muebles, lujosísimos. y la decoración, exquisita en sus más mínimos detalles. Tenía una llamativa escalera de espiral como aquellas que de vez en cuando se ven en las películas y su comedor era parecido a los que yo había visto en el castillo de los Hearst. Incluso había sirvientes que nos esperaban con la dulce hospitalidad sureña para darnos todo el confort que necesitáramos.

Lo más espectacular sobre la mansión era el patio interior, más grande que nuestra casa rodante. Tenía un inmenso árbol especialmente diseñado para ese lugar. Tenía más de trece metros de alto y había sido hecho con el tronco de un ciprés con tres enormes ramas. Con goma caliente se le habían pegado más de veinticinco mil hojas de seda una por una, lo que hacía que las ramas se extendieran hermosas por todo el ancho del patio. Me hizo pensar en el tremendo árbol de la familia Robinson en Disneylandia donde los niños pueden subirse y jugar. ¡No podía creer que allí había veinticinco mil hojas de seda, todas las cuales habían sido pegadas una por una! ¡Me impresionaba toda aquella mansión!

Mientras acomodaba mis cosas en el espacioso cuarto de huéspedes, pensaba en cuán humilde y comprensiva había sido esta amiga, al acomodarse y dormir en una exigua cama personal en nuestro Cuarto del Gozo. Es cierto que cuando durmió en nuestra casa tenía su propio baño, pero este es un cubículo tipo miniatura junto al Cuarto del Gozo, ciertamente nada lujoso comparado con el que ella tiene en su casa. Aun así, todavía se reía de buena gana recordando lo grato que había sido para ella hospedarse con nosotros. Yo, viendo sus lujosos muebles, y comparándolos con los nuestros pensaba en lo amable que había sido al instalarse en nuestra casa rodante y disfrutar con los juguetes y letreros del Cuarto del Gozo.

Desde entonces, estas imágenes contrastantes: la visita de nuestra amiga a nuestro humilde Cuarto del Gozo y mi

«Barb, no tendremos problemas para encontrarte en el cielo tu mansión estará rodeada de geranios».

incrédula llegada a su fabulosa mansión se han confundido en mi mente en visiones celestiales. Cuando pienso en mi amiga que vive en esa mansión y vino a visitarme en mi modesta casa rodante, me imagino a Jesús dejando su lujoso vecindario del cielo para venir a un humilde establo en Belén. Al recordar las maravillas de la hermosa mansión de mi amiga, me doy cuenta que por más hermosa que sea la mansión que nos espera en el cielo hará parecer a su lujosa casa como una choza de cartón.

Hogares celestiales

Tan diferentes como son la una de la otra y de los palacios que nos esperan en gloria, la mansión de mi amiga y mi casa rodante tienen a lo menos una cosa en común con aquellos divinos domicilios en el cielo: *Ambas* están llenas de amor.

Si tú creciste en una familia amorosa, probablemente te sea familiar esa fuerte sensación acogedora de bienvenida que te envuelve en el instante en que traspones las puertas de la casa. Es una atmósfera, un sentimiento de satisfacción que te envuelve como una nube suave de calor. Es el sonido de los pasos que corren hacia ti, la grata risa de quien se alegra de verte. Es la luz en una ventana y la chispa en los ojos de un ser querido. En resumen, es *el hogar*.

Tal es, seguramente, el sentimiento multiplicado por decenas de miles de veces que tendremos cuando volemos a través de las nubes y nos encontremos en el cielo. ¡Cuán grande gozo experimentaremos! ¡Qué bienvenida recibiremos! ¡Qué amor conoceremos! Todos estos sentimientos gloriosos nos inundarán y nosotros seremos hechizados con lo maravilloso de todo eso. Y lo mejor de todo es que finalmente oiremos al Maestro decir tres preciosas palabras que tanto hemos deseado oír a través de nuestras pruebas sobre la tierra: «*Bienvenido a casa*».

Plaza Aleluya

Sí, hay una bienvenida esperándonos en el cielo que superará cualquier recepción que jamás pudieran dar los seres humanos.

Está más allá de toda imaginación. Es hasta divertido pensar en eso, ¿no te parece? Una de las más alentadoras ideas sobre cómo lucirá la entrada al cielo la ilustran los extraordinarios murales desde el piso al techo de la «Plaza Aleluya» en la hermosa Capilla *Precious Moments* cerca de Carthage, Missouri.

Los murales en la capilla construida por Sam Butcher, el artista y creador de las adorables figuras de *Precious Moments* que han encantado a millones de coleccionistas alrededor del mundo describen al cielo desde una perspectiva de un niño. Sam, generosamente me ha regalado varios de los hermosos personajes que aparecen ilustrando este libro.

La idea de construir la capilla se le ocurrió a Sam cuando visitó la imponente Capilla Sixtina en Roma hace ya varios años. Admirando aquella famosa iglesia, Sam se dio cuenta que los turistas alrededor de él no parecían emocionalmente conectados a las hermosas obras de arte que Miguel Ángel había dibujado. Simplemente admiraban las famosas escenas y seguían adelante, inexpresivos. Allí, en ese gran lugar, Sam se inspiró para crear una capilla que expresara su propia gratitud a Dios. Pero quería que fuera un lugar donde el corazón de los visitantes se sintiera conmovidado por la experiencia.

Poco después de visitar Roma, Sam fue a la costa oeste en un viaje de negocios. Tenía un boleto aéreo para regresar a casa, pero en el último minuto decidió alquilar un automóvil y conducir a través del país, convencido que era Dios mismo que cambiaba sus planes. Mientras manejaba iba orando y al final del segundo o tercer día estaba en medio del territorio estadounidense en su viaje de regreso a Gran Rapids, Michigan. Era tarde en la noche, y mientras conducía en dirección noroeste por la carretera I-44 a través del borde de los Ozarks, sus faros alumbraron una señal de salida para la carretera CC.

De alguna manera aquella señal -carretera CC- llamó la atención de Sam aunque en ese momento no supo por qué. Casi sin darse cuenta de lo que hacía, dio media vuelta en su auto y emprendió el viaje de regreso al motel más carcano para pasar allí la noche. A pesar de lo avanzado de la hora, llamó a un amigo y le dijo: «Creo que he encontrado un lugar para la capilla».

«Fantástico», replicó el amigo. «¿Dónde está?»

«Bueno», dijo Sam, «a decir verdad, no tengo la menor idea dónde está».

A la mañana siguiente se dirigió a la oficina de un corredor de propiedades. Varios agentes estaban en la oficina aquella mañana charlando, todos vestidos pulcramente de acuerdo a su trabajo; en cambio Sam lucía pantalones vaqueros y una camisa sport. Les explicó que andaba buscando un lugar para construir una hermosa capilla. Los agentes, por supuesto, le preguntaron cuánto quería pagar por la tierra que buscaba. Pero no esperaron su respuesta. Ignorando a Sam, se ensimismaron en lo que estaban conversando.

Sam se sintió confundido. Sabía que tenía que irse, pero de alguna manera no podía sacar los pies de esa oficina. Allí de pie, cruzó la mirada con la recepcionista y pudo ver que ella estaba tan confundida como él. Con una sonrisa, Sam finalmente tomó el camino de la puerta, pero antes de alcanzarla, sintió que una mano se posaba en su hombro. Era un viejo agente que había oído la descripción de Sam. «Creo que conozco el lugar exacto que usted está describiendo», le dijo. «Venga conmigo. Vamos a ir a ver eso ahora mismo».

Agradecido por haber sido rescatado de esa inconfortable situación, Sam saltó dentro del auto con el agente y pronto estaban volando a través de los cerros. A medida que avanzaban intercambiaban información; así supieron que ambos compartían las mismas convicciones cristianas. Pronto el agente Mel Brown bajó la velocidad para hacer un giro y al hacerlo, Sam miró con incredulidad el letrero que estaba frente a él. Estaban entrando en la carretera CC.

«¿Adónde vamos?», preguntó Sam.

«Aquí es donde está la propiedad y esto es lo que quiero mostrarle», replicó Mel.

«¿Y qué es eso de CC? ¿Qué significa?»

«Bueno, aquí en Missouri nosotros acostumbramos identificar los caminos con letras. Este es un camino condal, y su nombre es CC. En realidad esas iniciales no significan nada oficial, pero yo siempre he creído que quieren decir: «Camino al Cielo».²

Todo lo que Sam pudo hacer fue sonreír.

Avanzaron por un camino de tierra y se estacionaron al costado de una colina. Se bajaron del auto y empezaron a caminar; de pronto, Sam se detuvo y echó una mirada al paisaje detrás de él. En ese momento se imaginó la capilla, la capilla que hoy es una realidad y que ha atraído a más de siete millones de visitantes en sus pocos años de existencia.

Ese mismo día, Sam compró diecisiete acres y medio, extendiendo un cheque por la suma total.

Hoy día, la hermosa capilla, construida en medio de los cerros Ozark da la bienvenida a visitantes a través de sus intrincadas puertas labradas. Adentro, cincuenta y dos murales bíblicos y treinta exquisitos vitrales inspiran a jóvenes y viejos por igual. Pero la cosa más notable sobre este santuario es que poca gente que la visita deja de ser tocada de la misma manera. (Se han colocado discretamente cajas de pañuelos a través de todo el edificio que pueden usar quienes sienten que en forma misteriosa las lágrimas ruedan por sus mejillas. (A juzgar por la reacción de la gente que estaba allí cuando yo la visité, el servicio de pañuelos mantiene bastante ocupado al personal.)

Las obras de arte que adornan las paredes y se prolongan por el cielorraso describen los dulces pequeños personajes de Preciosos momentos y hay una historia detrás de cada pintura. ¡Todo tiene tanto sentido! Pero lo más maravilloso de la capilla es que en el frente despliega tres magníficos murales de la Plaza Aleluya. Es una escena tan inspiradora que cuando la vi, rápidamente trajo a mi mente el coro de una hermosa canción, que dice:

> Veré a todos mis amigos en la Plaza Aleluya.
> Qué tiempo más precioso tendremos allá arriba:

Cantaremos y alabaremos a Jesús,
compartiremos su gloria,
Y viviremos para siempre en la Plaza Aleluya.[3]

Muchas de las pequeñas figuras de *Precious Moments* que han alegrado a muchos alrededor del mundo están basadas en personas reales. Eso también es verdad en cuanto a los ángeles de *Precious Moments* que se ven en la Plaza Aleluya; sus nombres homónimos están identificados en fotografías exhibidas en otra sala de la capilla. Son un símbolo conmovedor de cómo Dios usa los pedazos rotos de nuestras vidas, en este caso a menudo corazones destrozados, para crear una hermosa y confortable manta de amor.

Por ejemplo, el pequeño ángel-soldado de cabellos oscuros que está solemnemente de pie ante la bandera de los Estados Unidos está inspirado en el decorado de un veterano de la II Guerra Mundial quien fue atormentado por décadas después de la guerra por recuerdos de la violencia que él creía que se había visto obligado a cometer durante el conflicto. Él quería creer en Jesús, pero se consideraba indigno. Nadie le había hablado jamás al sargento Thomas sobre el maravilloso don de la comprensiva gracia de Dios.

Muchos años antes, Sam Butcher había guiado a la hija del sargento a entregar su vida al Señor. Así es que cuando, en su lecho de muerte, su padre le preguntó: «Sussy, ¿crees que Jesús me ama? ¿Crees que podría amarme?» ella dice que estuvo «lista para decirle del amor de Dios y del sacrificio de Cristo por el cual podemos ser perdonados».

Ahora, cuando los guías señalan los detalles del conmovedor mural, a veces cuentan la historia del pequeño soldado de pie junto con sus camaradas en la Plaza Aleluya. Su presencia allí, dentro de las puertas del cielo, afirma la respuesta de la hija a la pregunta de su padre: «Sí, papá, Jesús te ama. La Biblia dice así».[4]

El mural muestra a pequeños ángeles haciendo cosas que les gustaba hacer (o que no podían hacer debido a incapacidades físicas) cuando vivieron en la tierra. Hay una reconfortante atmósfera de gozo en la descripción que hace Sam Butcher del cielo visto a través de los ojos de un niño. Cuando una de mis amigas vio los murales, dijo que la escena le dio a partir de ahí una actitud completamente nueva hacia la vida. Antes, dijo: había pensado en el cielo con una majestuosa reverencia, un lugar lleno de alabanzas. Después de haber visto los ángeles de *Precious Moments* retozando alrededor de la Plaza Aleluya, también pensó del cielo como un lugar donde era posible reír ... y *divertirse*.

Memo:
Me he ido a la casa
de mi padre para
preparar tu lugar. . .
pronto regresaré
para buscarte.

Jesús

Señor:
mientras andas ocupado
preparándome un lugar,
prepárame, también,
¡para ese lugar!

Barbara

Luz y amor

Otro mural en la capilla *Precious Moments* muestra al hijo de Sam Butcher, quien murió hace algunos años en un accidente automovilístico, cuando llega a aquellas puertas. Los saludos allí confirman otro juego de letreros que dicen: «Bienvenido a casa, Philips». Cuán glorioso será arribar a lugar tan bello y ser recibido por nombre. Mejor aún, nosotros nos sentiremos instantáneamente *en casa*, reconoceremos inmediatamente ese calor *familiar* de comodidad rodeándonos como una agradable cobija.

Una de las imágenes familiares que yo asocio con el hogar de mi infancia es una luz a la entrada de la casa alumbrando la nieve. Como crecí en Michigan, soy casi pariente de la nieve y del hielo. Una de mis imágenes más queridas es cuando caminaba a la casa de noche, por las veredas llenas de nieve al volver de la iglesia o de algún otro lugar. Ya cerca de nuestro barrio, podía identificar perfectamente desde lejos nuestra casa. La luz, que se asomaba por las ventanas hacía que la nieve brillara como una gran manta de diamantes sobre el suelo.

Es probable que tú tengas recuerdos parecidos de regresar de algún lugar en la noche y ver tu casa desde la distancia o dar vuelta una esquina y de repente tenerla enfrente tuyo. Para los viajeros cansados, e incluso para quienes han estado lejos por un corto tiempo, la luz del hogar puede proyectarse a través de la oscuridad de la noche en una manera que es diferente a todas las otras fuentes de iluminación. No solo iluminan, sino que comunican calor y bienvenida en las frías noches de invierno. Imagínate esos sentimientos multiplicados por miles de veces, y esa es la luz que nos dará la bienvenida cuando nos acerquemos a las puertas del cielo.

Quizás mis recuerdos de la luz alumbrando a través de las ventanas en mi hogar de la infancia sea la razón por qué aprecio tanto las casas y cabañas en las maravillosas pinturas de Thomas Kinkade. Sus cuadros me hacen recordar *mi hogar*. Y ahora yo sé que estoy más cerca de mi hogar *celestial* que del hogar de mi infancia. En otras palabras, para mí:

Hogar se deletrea C-I-E-L-O.

Y sabemos que la luz que brilla en el cielo y que extiende una calurosa bienvenida a todos los que conocen y aman al Señor no es otra que Dios mismo. Él es la razón *real* de por qué el cielo será tan hermoso. Nuestras mansiones, tan fabulosas como serán, realmente serán lugares donde vivir. El coro angelical, tanto como resonará a través del universo, será allí la música de fondo. La calle de oro, las puertas de perlas y todas aquellas otras hermosas imágenes que podamos hacernos del paraíso serán como adornos en las ventanas.

Un hogar hecho con amor

En el cielo habrá cosas preciosas, pero aun si tales cosas no fueran a estar allí, si solo estuviera Dios, eso sería suficiente. Porque Él nos ama como nadie jamás podría habernos amado. Y cuando nosotros somos envueltos en ese amor, nada más importa.

El recorte que alguien me envió ofrece una ilustración humana de que el amor de Jesús estará en nuestras mansiones celestiales. Describe cómo una iglesia y un grupo de jóvenes de Iowa compró trescientas tablas de 4X2 para un proyecto local de «Hábitat para la humanidad». Antes que se usara la madera en la armazón de la casa, los creyentes «escribieron en la madera cientos de mensajes de gozo para los futuros propietarios».[5]

Si tú supieras que la estructura de tu casa está llena de versículos bíblicos y mensajes de amor y gozo, ¿no entrarías cada vez a tu casa lleno de gozo? Así nos sentiremos en nuestras mansiones en el cielo cuando pasemos por sus puertas. El lugar estará lleno del amor de Dios.

Pero aun cuando sabemos en nuestros corazones, como alguien ha dicho que,

> el deleite del cielo superará lejos
> cualquier dificultad que tengamos en la tierra,

a veces olvidamos eso. Parece absurdo que las penas terrenales puedan hacernos olvidar lo que sabemos está reservado para nosotros en el cielo, pero así es. A veces son cosas insignificantes las que nos distraen de lo que es importante y nos hacen ir tras cosas verdaderamente triviales.

Una historia contada por la hija del aviador Charles Lindbergh, Reeve Lindbergh, ilustra la facilidad con que es posible distraerse con cosas insignificantes al mismo tiempo que se ignoran cosas maravillas que fácilmente están a nuestro alcance.

En 1997, Reeve fue invitada a dar el discurso anual en el Museo del aire y del espacio del Smithsonian Institution para conmemorar el setenta aniversario del histórico viaje de su padre a través del Atlántico. El día del discurso, las autoridades del museo la invitaron a llegar temprano, antes que se abrieran las puertas, para que pudiera echar una mirada tranquila al *Spirit of St. Louis*, el pequeño aeroplano, suspendido del cielorraso del museo, que su padre había piloteado en 1927 desde Nueva York a París.

Esa mañana en el museo, Reeve y su hijo menor, Ben, saltaron ansiosos al interior de una inmensa grúa color rojo con un largo brazo que los elevó hasta poder ver el aeroplano muy de cerca. Ver la máquina en la que su padre había volado valientemente a lo largo del mar fue para Reeve una experiencia inolvidable. Nunca antes había tocado el aeroplano y esa mañana, a casi diez metros por sobre el piso del museo, ella extendió suavemente su brazo para posar sus dedos sobre la manija de la puerta, que sabía que su padre habría abierto y cerrado muchas veces con su propia mano.

Las lágrimas corrieron por sus mejillas al darse cuenta de lo que estaba haciendo. «Oh Ben», susurró con su voz temblorosa: «¿no es maravilloso?»

«Sí, mamá», replicó Ben, igualmente emocionado. «¡Nunca antes me había subido a una grúa!»[6]

Transporte sin carga
¡Cuán a menudo nos distraemos con problemas insignificantes o cosas aquí en la tierra que nos hacen quitar nuestra

atención del cielo y de aquel que nos espera allí! Como alguien dijo: «Necesitamos mantener lo "Más importante", como lo más importante». Y lo «Más importante» es Jesús.

Sí, así como el nieto de Charles Lingbergh, podemos entretenernos en distracciones baladíes que hacen que nuestra atención deje de estar en lo más importante. O podemos involucrarnos en actividades y aun compromisos que tengan que ver con la adoración que, en un comienzo, nos acercan a Dios. Pero cuando lo mismo se repite exactamente vez tras vez, aquello se transforma en una monotonía. De esta manera nuestras devociones diarias pueden llegar a ser algo plano y sin inspiración, o salimos de la iglesia y no podemos recordar la lección que se nos enseñó. Nos mantenemos haciendo la misma cosa siempre de la misma manera hasta que se transforma en una rutina, algo que seguimos haciendo sin pensar, una rueda que no va a ninguna parte, en lugar de un elevador que lleva nuestros pensamientos al cielo. Entonces es cuando tenemos que sacudirnos y empezar a brincar en adoración, oración o devociones.

En una de las reuniones de Mujeres de fe, las conferenciantes teníamos que subir tres tramos de empinadas escaleras para llegar al lugar del gimnasio donde se vendían nuestros libros. Subir todos esos tramos no era fácil. Por eso preferí tratar de encontrar un ascensor. Pero el único elevador en todo el edificio tenía un gran letrero que decía: «Este elevador es solo para carga».

Lo miré, luego miré por sobre mi hombro, y apreté el botón. Las pesadas puertas se abrieron verticalmente con un gran bostezo, y se me antojaron como una inmensa ballena que se apresta a engullirse a su presa. Y yo, sintiéndome un poco como Jonás, entré.

El elevador me estuvo llevando varias veces al día desde el nivel inferior hasta la parte alta. Hasta que en una ocasión en que lo esperaba, se abrió la puerta y me encontré con un empleado que venía adentro acompañado de una considerable carga. De todos modos, entré, pero en ese momento, el empleado me dijo con voz poco cortés: «¡Disculpe, señora, pero este elevador es solo para carga!»

Tenía la mano sobre los controles lo que hacía claramente evidente quién de los dos mandaba allí.

«¡Sí, señor!», le dije, con la mejor de mis sonrisas. «Lo he estado usando todo el día. Vea, yo soy una de las conferenciantes y solo tengo unos minutos para llegar a mi mesa de libros y luego volver a la plataforma».

«Lo siento, señora», me dijo de nuevo el hombre, señalando una fina nota que había debajo de la señal «Solo carga», con lo cual me estaba insinuando que la idea no era suya sino del jefe de los bomberos. «Solo las personas que transportan carga pueden usar este elevador. Así lo establecen las regulaciones».

Como lo he hecho muchas veces cuando he querido salirme con la mía, mi próxima jugada fue gimotear. «¡Por favor!», le rogué: «He estado usando este elevador todo el día. ¡Qué importa una vez más!»

«De verdad que lo siento, señora. Son las reglas», replicó el hombre inflexiblemente.

Sin chistar, salí del elevador. Pero de inmediato miré dentro del baño de damas que estaba allí al lado y antes que el elevador siguiera su camino, agarré una gran caja de cartón *vacía* que una vez contenía papel de baño y grité: «¡Espere un momento!» Cerrándoles las tapas y sosteniéndolas en su lugar con la barbilla, entré de nuevo al elevador. Me volví cara a la puerta y esperé que las fauces de la ballena se cerraran. «¡Okay!», dije alegremente. «Ahora ya tengo carga. Califico para usar el elevador».

Aparentemente satisfecho de que estuviera cumpliendo con las reglas, el hombre accionó un botón en el sistema de controles, la puerta y las fauces del elevador se cerraron y nos fuimos para arriba.

Mientras la bestia de metal rugía en su camino hacia la altura, de pronto me vino a la mente el pensamiento de que somos afortunados que Dios no nos exija que debemos llevar algún «peso» cuando subimos al cielo. Como la amada y vieja canción que dice, «Nada en mi mano llevo, simplemente a tu cruz me aferro».[7]

El año pasado me encontré con una foto publicada por una revista que ilustra en forma patética este hecho. La foto acompañaba una historia sobre las tremendas inundaciones que en 1997 devastaron parte de North Dakota y Minnesota. El punto focal de la foto era un gran letrero frente a un montón de escombros: madera, material aislante, pedazos de alfombras y artefactos destruidos que habían quedado de una de las casas destruidas por la fuerza de las aguas. En grandes letras negras, el letrero decía: «Almacena tus tesoros en el CIELO».[8]

Este letrero frente a los restos de una casa destruida por las inundaciones ofrece una lección de fe.

Esa lección me hace pensar en el chiste que dice:

La persona promedio probablemente nunca alma-
cenaría nada en el cielo por temor a que se lo cobren
como pago inicial por el arpa.

Cuando comparo todas las *cosas* que consideramos importantes aquí en la tierra con el lujo que vamos a disfrutar en el
cielo sin tener que preocuparnos por nada, me siento como
si estuviera golpeando con los talones y bailando a saltitos.
¿No será fantástico no tener nunca más que tratar con los que
nos ofrecen basura y nos inducen a comprar lo que no
necesitamos? No tendremos que preocuparnos por las abo-
lladuras del auto, por una filtración en el techo o un virus en
la computadora. No tendremos que preocuparnos por el
moho que se empieza a comer algunas joyas que heredamos
de nuestros antepasados. No más frustraciones por hoyos en
las medias o manchas en las camisas. No más espejuelos
extraviados, equipo para la sordera dejados quién sabe dónde, o libretas de cheques olvidadas. Es tremendo pensar en
que viviremos en un lugar donde *nunca más* tendremos que
revolver la casa buscando las llaves del auto. ¡Qué sentido de
libertad disfrutaremos cuando nos liberemos de la esclavitud
de todas las *cosas* que nos mantienen cautivos aquí en la
tierra.

Y aun cuando hablamos de guardar nuestros «tesoros» en
el cielo en lugar de en la tierra, sabemos que estamos hablando de dos clases muy diferentes de tesoros. Lo que querremos más en el cielo no será una cosa. Será vivir en la presencia
de nuestro amoroso Padre y Creador. En realidad, nuestros
palacios en el cielo probablemente no van a necesitar de
estanterías. Después de todo, de la tierra no vamos a llevar-
nos tesoro alguno. Ni tampoco vamos a cargar con un equipaje emocional cuando nos dirijamos al paraíso, porque Jesús
dice que le entreguemos todas nuestras cargas a Él y que Él
las llevará.

Venid a mí todos los que estáis trabajados y carga-
dos, y yo os haré descansar.[9]

Solo piensa en lo que será vivir donde el amor llena
nuestras vidas tan completamente que no habrá espacio libre
para llenar. Por lo tanto, no querremos ninguna otra cosa.
Estaremos perfectamente completos. Supremamente satisfe-
chos. Y como seguramente ese será el caso, parece muy
problable que nuestros palacios no tendrán para qué ser tan
grandes; total, no habrá nada que guardar. Serán como aquella pequeña iglesia que aparece en una hoja de un periódico
que alguien me mandó. La lectura de la foto dice que la
minúscula Capilla de Cristo, localizada en South Newport,
Georgia, ha estado recibiendo visitantes durante cincuenta
años. Techos en punta, vitrales hermosamente pintados y
una torre para una sola campana, la pequeña iglesia en la
fotografía parece una casa de muñecas. Las filas en cada lado
del pasillo central tienen solamente dos grandes sillas de
tamaño tal que pudieran acomodarse en cada una de ellas
hasta una docena de personas. Pero la gente no se detiene
allí, probablemente porque la consigna de la iglesia toca sus
corazones. La pequeña capilla ha proclamado ser un lugar
«donde la gente está codo con codo con Dios».[10]

Aquella fotografía de la pequeña iglesia fue la idea que
me hizo repensar en mi visión del palacio esperándome en
el cielo. Quizás sea un *petite palace*, un lugar maravilloso que
invita a la comodidad, sin que necesariamente sea grande y
suntuoso. Quizás sea un lugar pequeño agradable y cómodo
donde puedo estar codo a codo con Dios.

Lo que sea que el Señor ha preparado para mí, sé que
será hermoso. Como alguien dijo: «No necesito conocer el
número de cuartos ni cómo está decorado. Es suficiente
que (Jesús) haya prometido que Él va a venir y me llevará
con Él ... Habrá espacio para mí y este será un gratificante
regreso al hogar».[11]

En el cielo no estaremos agobiados por todas las cosas
materiales que se amontonan en nuestras vidas aquí en la

tierra. Cualquiera sea el tamaño, nuestros hogares celestiales serán lugares de amor puestos en vecindarios donde la paz nunca es interrumpida por la policía o las sirenas de ambulancia, advertencias de tormentas o alarmas de seguridad. Cuán maravilloso es imaginarse la vida feliz que disfrutaremos por toda la eternidad. Cuánto conforta saber que estaremos compartiendo ese lugar con nuestros amigos y seres queridos que nos están esperando allá.

Una de mis amigas que comparte conmigo mi ansiosa expectación por el cielo dijo que ella espera que podamos ser vecinas allí. «Barb, espero que nuestras mansiones tengan ventanas en la cocina y que dichas ventanas estén la tuya frente a la mía», me dijo alegremente.

Durante años he compartido una carta que escribió el Dr. Harry Rimmer después que fue invitado a participar en un programa de radio dirigido por el Dr. Charles Fuller. Hasta donde puedo decir, la historia de la carta fue grabada por primera vez por Al Smith de Greenville, South Carolina. Aparentemente, cuando el Dr. Fuller estaba terminando su programa de radio ese día con el Dr. Rimmer como invitado, él mencionó que en el programa de la semana siguiente el tema estaría enfocado en el cielo. Después de eso, el Dr. Rimmer escribió al Dr. Fuller esta carta:

Mi querido Charlie:

El próximo domingo vas a hablar del cielo. Me interesa aquella tierra, porque por más de cincuenta años soy propietario del título de un terrenito allí. Yo no lo compré, sino que se me dio sin dinero y sin precio. Pero el que me lo regaló lo compró a un precio altísimo.

No lo guardo para especular con él, porque es una propiedad intransferible. Tampoco es un sitio vacío, porque durante estos cincuenta últimos años he estado mandando materiales con los cuales el más grande Arquitecto y Constructor del universo ha estado levantando una casa para mí que estará perfectamente de acuerdo conmigo y que nunca jamás necesitaré reparar.

Las termitas no sacavan los cimientos, porque estos descansan en la «Roca de la eternidad».

El fuego no puede destruirla.

Las inundaciones no pueden arrasarla.

Ninguna de sus puertas tendrá cerradura ni cerrojo, porque a aquella tierra donde está mi casa ya casi terminada jamás entrará una persona mala.

Yo viviré en esa casa en paz eternamente sin temor de ser echado de ella.

Hay un valle de profunda sombra entre el lugar donde yo vivo en California y aquel a donde voy a ir dentro de poco tiempo. Yo no puedo llegar a mi hogar en esa ciudad de oro sin pasar a través de este valle de sombras. Pero no tengo miedo, porque el mejor Amigo que jamás he tenido hace mucho tiempo que cruzó ese mismo valle y quitó su penumbra. Él ha estado conmigo desde que le conocí hace cincuenta años en las malas y en las buenas, y tengo su promesa por escrito que nunca me dejará solo. Estará conmigo mientras atravieso ese valle de sombras, y no me perderé porque Él camina conmigo.

Espero oír tu sermón el próximo domingo desde mi casa aquí, pero no estoy completamente seguro que pueda. Mi boleto para el cielo no tiene fecha prefijada, no tiene cupón de retorno y no permite equipaje. Estoy listo para irme, por lo que es posible que no esté el próximo domingo para escucharte; pero no importa porque si no estoy, un día nos volveremos a reunir tú y yo.

Según esta historia, la carta llegó a la casa del Dr. Fuller el día miércoles. Para entonces, «el Dr. Rimmer *ya estaba en aquella tierra*, la cual había visto por fe por más de cincuienta años».[12]

Como el Dr. Rimmer, yo también he pasado muchos años anhelando por fe ver al corredor de propiedades celestial que me está esperando. Qué hermoso es saber que tengo «una mansión en lo alto, en aquella tierra brillante donde nunca envejeceremos». No creo que pase mucho tiempo antes que el comité de bienvenida me invite a una fiesta de traslado. ¡Y qué celebración será aquella! Este hermoso poema lo dice muy bien:

Cuando vaya a mi hogar en el cielo

Cuando vaya a mi hogar en el cielo
¡Qué gozo será!
Porque aquel día por fin
A mi Señor resucitado ver podré.

No hay mayor felicidad que
Verlo a Él cara a cara,
Ver el gozo en sus ojos
Y sentir su abrazo de amor.

No he hecho nada para merecer
Ese perfecto hogar allá.
Lo recibiré gratuitamente
Por la gracia del amor de Jesús.

¿Entonces por qué preocuparme
de los pesares aquí en la tierra?
Todo será un recuerdo lejano
Cuando al fin llegue al hogar.

Beth Stuckwisch,
© 1984 Dicksons,
Usado con permiso.

Rompenubes

El camino al cielo:

Haga una derecha en el Calvario y siga sin desviarse.

Esta calcomanía estaba adornada con una gran cruz:

No importa qué dirección lleve,
siempre me dirijo a mi hogar.

Una mujer estaba muriendo en un asilo de pobres. El doctor se inclinó sobre ella y la escuchó susurrar, «Gloria a Dios».

«¿Cómo, tía», le dijo, «puede decir gloria a Dios cuando está muriendo en este asilo?»

«Oh, doctor», replicó ella, «es maravilloso ir de un asilo a una mansión en los cielos».[13]

Un periodista veía como el fuego consumía una casa. Se fijó en un niño con su mamá y su papá. Buscando una nota humana interesante, dijo al niño: «Hijo, pareciera que ya no tienes un hogar».

El niño contestó sin demora: «Tenemos un hogar. Lo que ahora no tenemos es una casa donde ponerlo».[14]

Hogar, donde viven diez mil ángeles.
Hogar, donde la oración más silenciosa
se puede oír.
Hogar, donde mi amado Salvador está
    esperándome.
Por fin, por fin, mi hogar.

Roger Shouse

Estoy en mi hogar en el celo, queridos;
Todo es tan feliz, todo tan brillante
Hay gozo y belleza perfectos
En esta luz eternal.

Todos los dolores y penas se han ido,
Toda inquietud ha pasado;
Ahora tengo paz para siempre,
Por fin un hogar seguro en el cielo.

¿Te has preguntado por qué tan tranquilo
Crucé el valle de sombra de muerte?
Oh, porque el amor de Jesús iluminó
Cada lugar oscuro y tenebroso.

Y Él mismo vino a encontrarse conmigo
En ese camino tan difícil de andar;
Y puso su brazo sobre mi hombro,
Por lo que no tuve razón para dudar.

Por eso tú no debes acongojarte tanto;
Porque Él tiene gran amor por ti;
Trata de mirar por sobre las sombras de este
    mundo
Y ora para confiar en la voluntad del Padre.

Todavía hay trabajo que te espera,
De modo que no te puedes detener;
Trabaja mientras la vida dure
Descansarás en la tierra del Señor.

Cuando el trabajo se haya completado,
Él cariñosamente te llamará al hogar.
¡Oh, el rapto para la gran reunión!
¡Oh, el gozo de verte venir!

Fuente desconocida

Afortunadamente cuando lleguemos al cielo no
vamos a tener que descifrar ninguna jerga «creativa»

de los corredores de propiedades (como las muestras que se dan a continuación):

Encantadora: Pequeñita. Buena para que la habite Blancanieves, pero cinco de sus enanitos tendrían que buscar otro lugar donde vivir.

Casa de ciudad exclusiva: Generalmente usada como almacén.

Diseño atrevido: Sigue usándose como almacén.

Completamente modernizada: Lavaplatos color aguacate y alfombras oro cosecha.

Única en su clase: Fea como el pecado.

Verla para creer: Una declaración absolutamente correcta.[15]

Al atardecer, una pequeña niña entra en un cementerio. Un anciano sentado a la puerta le dice: «¿No te da miedo entrar al cementerio a estas horas?»

«Oh, no», le contesta ella, «mi casa está justo al otro lado».

Muchas personas compran propiedades en el cementerio con anticipación pero no hacen nada para preparar su casa en el cielo.

Piensa ...
en caminar por la playa
y encontrar que es el cielo;
tomar una la mano
y encontrar con que es la mano de Dios;
respirar un nuevo aire
y encontrar que es aire celestial;
sentirse rejuvenecido
y encontrarte con la inmortalidad;
pasar de la tormenda y la tempestad
a una calma desconocida;
caminar y encontrar que estás en tu verdadero
　　hogar.

Fuente desconocida

Jesús estaba contento de haber nacido en un establo para que nosotros cuando muramos tengamos una mansión.

La muerte es la llave dorada
que abre el palacio de la eternidad.

Milton

No se turbe vuestro corazón; creéis en Dios, creed también en mí. En la casa de mi Padre muchas moradas hay; si así no fuera, yo os lo hubiera dicho; voy, pues, a preparar lugar para vosotros. Y si me fuere y os preparare lugar, vendré otra vez, y os tomaré a mí mismo, para que donde yo estoy, vosotros también estéis.[16]

Santo, Santo, Santo, cantan los ángeles,
Y espero ayudarlos
A que las cortes celestiales se muevan;
Pero cuando yo cante la historia de la redención
Ellos plegarán las alas,
Porque los ángeles nunca han sentido el gozo
Que trae nuestra salvación.[1]

Ángeles que me cuidan

En la semana en que Billy Graham cumplía ochenta años apareció en el programa *Larry King Live* para analizar la «vida después de los cincuenta». En medio de la entrevista, Larry King preguntó: «Billy, ¿qué pasará cuando mueras?»

Billy respondió con seguridad: «Creo que un ángel me tomará de la mano en ese momento y me llevará a la presencia de Cristo». Luego añadió: «Lo estoy esperando con gran expectativa».[2]

En su parábola del hombre rico y el mendigo llamado Lázaro que estaba echado a la puerta de aquel, Jesús dijo que Lázaro «fue llevado por los ángeles al seno de Abraham» en el cielo.[3] Jesús también dijo que cuando el Hijo del Hombre venga «sobre las nubes del cielo, con poder y gran gloria ... enviará sus ángeles con gran voz de trompeta, y juntarán a sus escogidos, de los cuatro vientos, desde un extremo del cielo hasta el otro».[4]

Parece que de una u otra manera se han asignado ángeles para escoltarnos de la tierra a la eternidad. Abundan las historias de personas que, mientras lanzan el último aliento terrenal, mueren con las expresiones más felices en sus rostros. ¿No es asombroso pensar que tal vez les salgan al encuentro esos mensajeros celestiales que han sido enviados para llevarlas al cielo? Cuando expiró Joy, la amada esposa de C.S. Lewis, «sonrió —dijo Lewis—, pero no conmigo».[5] Me emociono cada vez que leo las últimas palabras de otra mujer. Mientras ella pasaba de este mundo al otro, exclamó: «¡Cómo brilla el cuarto! ¡Está lleno de ángeles!»[6]

¡Imagínese ver esos seres celestiales que vienen hacia nosotros, nos llaman por nuestros nombres y nos escoltan entre las nubes hacia el trono de Dios! Además, cuando estemos allá descubriremos el cielo repleto de ángeles. La Biblia dice que allí habrá «millones de millones» de ángeles.[7]

EL CIRCO FAMILIAR   **por Bill Keane**

**«Si alguien muere en el hospital,
los ángeles lo llevan a la sala
de la eternidad».**

© Bil Keane

Un erudito bíblico conjetura que «quizás haya tantos ángeles como estrellas en el cielo, porque [en varios pasajes bíblicos] se asocia a los ángeles con las estrellas. Si esto es así, allí habría *trillones* de tales seres celestiales». Cree además que todos ellos «tienen personalidades separadas e individuales y tal vez no haya dos iguales».[8]

Todos esos ángeles no solo se ven hermosos. ¡Trabajan! Su «trabajo» principal, exactamente como será el nuestro, es alabar a Dios. Sin embargo, así como pasará con nosotros, ellos también tendrán otras funciones. Dicen los eruditos que una de esas funciones es «actuar como intermediarios entre Dios y los hombres».[9] Los ángeles han desempeñado este oficio desde el principio de los tiempos, cuando Dios «puso querubines al oriente del huerto del Edén y una espada encendida que se revolvía por todos lados, para guardar el camino del árbol de la vida»[10]

¡Qué interesantes tareas han tenido desde entonces los ángeles! Estando bajo las órdenes de Dios, un ángel trajo mensajes a la esclava Agar y su amo Abraham; advirtió a Lot que huyera de Gomorra; atrajo a Moisés a la zarza ardiendo; protegió y guió a los hijos de Israel cuando salieron de Egipto y vagaron por el desierto. Dios envió un ángel a obstruir el camino de Balaam y su asna cuando esta se apartó del sendero; Dios envió un ángel para dar instrucciones de cuidado prenatal a la madre de Sansón.

La parte más emocionante de las tareas angelicales deben haber sido esas misiones en que se enviaron ángeles para hacer audaces y apasionantes rescates. ¿Se puede imaginar al ejército de ángeles de Dios en el cielo, esperando ansiosamente una nueva misión y preguntándose en qué sucesos emocionantes y cambiadores de vida participarán? Quizás tienen la esperanza de poder caminar ilesos dentro de un horno de fuego, como el ángel que rescató a Sadrac, Mesac y Abed-nego. O tal vez esperan acostarse en medio de fieras como el ángel que pasó la noche con Daniel en el foso de los leones.

Se asustaría de muerte cualquiera que, sin preparación del mismo Dios, oyera: «Uno de ustedes debe ir a esa terrible prisión, desencadenar a Pedro y liberarlo», o peor aun: «Tendrás que caminar en la más tenebrosa y terrible tumba que ha existido y echar a rodar esa roca en la entrada». ¿Puede usted ver el regocijo de los ángeles ante tales encargos?

Por otra parte, piense en lo alegre que debió haber sido la misión del ángel que llevó al doctor V. Raymond Edman de su hogar hacia el cielo en 1967. Sharon Barnes, mi amiga y colaboradora en la gira de Mujeres de Fe, me contó cómo los estudiantes admiraban y amaban al doctor Edman, rector de la Universidad Wheaton. Por eso ellos estuvieron rebosantes de alegría cuando regresó en septiembre, después de varias semanas de recuperación de un ataque cardíaco, para predicar durante un culto en la capilla universitaria. Ese día el doctor Edman dijo a los estudiantes: «El culto es un tiempo de adoración, un tiempo de encontrarse con el Rey». Luego, unos segundos después, hizo una pausa y se desplomó sobre el podio mientras Sharon y los demás estudiantes universitarios observaban anonadados en silencio. Entonces cayó al suelo sobre los brazos de ese ángel que lo esperaba para conducirlo suavemente a la presencia de Dios.

¿Cuál será *nuestra* misión?

Pensar en la obra de los ángeles a través de los siglos nos hace preguntar qué trabajos desarrollaremos en el cielo. Por supuesto, nada en la Biblia dice que en el cielo nos volveremos ángeles. Ni siquiera hay manera de saber si tendremos misiones mientras nos dedicamos personalmente a alabar a Dios todo el tiempo. Sin embargo, puesto que el cielo será un lugar satisfactorio y maravilloso, cabe suponer que tendremos algo satisfactorio y productivo que hacer.

Joni Eareckson Tada dice con firmeza en su libro *Heaven... Your Real Home* [El cielo... su verdadero hogar]: «Tendremos labores que realizar... Serviremos a Dios mediante la adoración y el trabajo —trabajo emocionante que no nos cansará».

Joni, quien ha estado confinada por muchos años a una silla de ruedas, agrega: «Para mí, este será el cielo. Me encanta servir a Dios». Ella cita la parábola de Jesús en el cielo en Lucas 19.17, que concluye cuando el amo dice a su siervo: «Está bien, buen siervo; por cuanto en lo poco has sido fiel, tendrás autoridad sobre diez ciudades».

De allí que Joni nos recuerde que «quienes sean fieles en cosas pequeñas tendrán autoridad sobre cosas innumerables... Mientras más fiel seas en esta vida, mayor responsabilidad se te dará en la vida venidera».[11] Ella también observa que Isaías 65.17 nos promete «nuevos cielos y nueva tierra».

«¿Lo captas? —pregunta Joni—. El cielo contiene nuestro planeta. Una nueva tierra con asuntos terrenales en ella ... asuntos cálidos y maravillosos que harán de la tierra... *la tierra*».

Además, si ese es el caso, Joni tiene planes para, en su tiempo libre, hacer cosas que no ha podido hacer desde que quedara paralizada en el accidente. Dice que se ha comprometido con familiares y amigos para trepar las montañas detrás del Tazón Rosado, para esquiar en las sierras, para jugar partidos de tenis, y para danzar. También espera «comer en las llanuras húngaras» con un círculo de amigos rumanos huérfanos y montar a caballo con una amiga. ¡Vaya! También planea hacer algunos tejidos.[12]

Lo único que en realidad necesita saber, dice Joni, es que «en el cielo se sentirá como en casa. Seré coheredera con Cristo.... Ayudaré a gobernar en los cielos nuevos y la tierra nueva ... y estaré tan ocupada y feliz en servir como nunca lo imaginé. Usted también lo estará».[13]

Mientras esperamos...

Mientras tanto, nuestra labor aquí en la tierra es amar y alabar a Dios... y a nuestro prójimo. Al hacerlo seguramente podemos dar inspiración (¡e ideas!) para seguir el ejemplo que nos dejó Jesús, así como para estudiar la obra de sus ángeles.

Por supuesto, el único registro verdadero de visitas angelicales se encuentra en la Biblia. Sin embargo, las Escrituras parecen predecir que hoy día los ángeles obran en nuestras vidas al recordarnos: «Permanezca el amor fraternal. No os olvidéis de la hospitalidad, porque por ella algunos, sin saberlo, hospedaron ángeles».[14] También nos pide, aun cuando sugiere que es un hecho que aceptamos sin cuestionamiento: «¿No son todos espíritus ministradores, enviados para servicio a favor de los que serán herederos de la salvación?[15]

Con estas palabras resonando en nuestras mentes, muchos de nosotros estamos continuamente hoy día a la caza de supuestos contactos con ángeles en nuestras vidas. Una dama me dijo que cada vez que ve una pluma en el suelo recuerda que hay ángeles entre nosotros. Seguro, ella sabe que es la pluma de un ave. Pero utiliza cada pluma para recordar, al igual que una cuerda atada en su dedo, que la Biblia nos asegura que Dios ha enviado a sus ángeles a la tierra como nuestros ayudantes y amigos... generalmente invisibles pero, quizás, algunas veces apareciendo en carne y sangre. Billy Graham ha dicho: «Los ángeles hablan. Aparecen y reaparecen. Son criaturas emocionales. Aunque se pueden volver visibles a voluntad, nuestros ojos no están generalmente diseñados para verlos, así como no podemos ver las dimensiones de un campo nuclear, la estructura de los átomos o la electricidad».[16]

Uno de los versículos que más me tranquilizan es:

A sus ángeles mandará cerca de ti,
Que te guarden en todos tus caminos.

Una de mis amigas dice que este es su número 911 bíblico debido a su fuente: Salmos 91.11.

Ángeles entre nosotros

El tema de los ángeles es uno de mis pensamientos favoritos. Es más, he estado coleccionándolos por algún tiempo. Mis

EL CIRCO FAMILIAR

«El nombre de ese ángel es Harold».

© Bil Keane

preferidos son los que tocan trompetas. De allí salió la idea de *Toot'n'Scoot* [Cuando suene la trompeta... echa a correr]. Ahora mi cuarto alegre (en realidad toda mi casa) está llena de ángeles en papel tapiz, alfombras, pañuelos, sujetalibros, medias navideñas, cuadros y ocho o nueve estatuillas encima del televisor. Por donde miro me recuerda que sonará la trompeta y yo voy a salir corriendo. ¡Ese hecho me mantiene en acción cuando mi energía decae junto con mis pantimedias y estoy lista para tirar la toalla! Además de coleccionar ángeles que tocan trompetas, me encanta leer o escuchar acerca de las maneras en que se cree que los ángeles han intervenido en las vidas de las personas.

Puesto que la Biblia nos asegura que los ángeles existen en realidad y que nos ministran, a menudo los cristianos buscan también maneras de hacer la obra de ellos. En el resto de este capítulo me gustaría narrar algunas historias de personas consideradas ángeles terrenales enviados por Dios para consolar a otros.

Una de mis historias favoritas se origina en un boletín informativo publicado por mi amiga Ney Bailey, una misionera de Campus Crusade for Christ, quien gentilmente quiso que la historia apareciera aquí. Ella la llama «una de las historias de la vida real más motivadoras que he escuchado en el área de la oración», y estoy de acuerdo. Ney observó que los detalles de la historia fueron confirmados varios años después por el jefe de misiones de la iglesia de Boston, que sostenía al misionero involucrado en el dramático relato.

El misionero, el doctor Bob Foster, trabajaba en Angola, una nación donde el conflicto entre las fuerzas guerrilleras opositoras y el régimen marxista hacían que partes del país fueran especialmente peligrosas. La clínica médica dirigida por el doctor Foster estaba en una de estas regiones. He aquí su historia:

Un día el doctor Foster envió un ayudante en una misión a una ciudad algunos kilómetros lejos, con la advertencia de que debería estar de regreso antes del anochecer. El trecho de carretera entre la clínica y la ciudad estaba exactamente en la región selvática donde se llevaba a cabo la mayoría de las luchas guerrilleras, y era muy peligroso viajar por allí en la noche.

El ayudante siguió su camino, terminó su misión antes de tiempo y comenzó el regreso. Sin embargo, para su consternación, la camioneta comenzó a tener problemas en el motor y se apagó en medio de la disputada selva. Sin más vehículos en el área, no tuvo otra alternativa que cerrar las puertas, orar e intentar descansar un poco.

Es asombroso que pudiera dormir sin problemas hasta la mañana siguiente. Logró que lo llevaran a la ciudad, consiguió algunos repuestos, reparó la camioneta y completó el viaje de regreso a la clínica.

Lo recibieron un aliviado doctor Foster y otros compañeros.

—¡Estamos muy contentos de verte! —le dijo el doctor—. Oímos el ruido de tremenda batalla en la región donde estabas.

El ayudante del doctor Foster manifestó que no había oído ni visto nada.

Más tarde llegó a la clínica un jefe guerrillero para ser tratado. Curioso, el doctor Foster le preguntó si la noche anterior había visto una camioneta varada en medio de la carretera.

—Sí, por supuesto —replicó el guerrillero.

—¿Por qué no tomaron posesión de ella? —inquirió el doctor.

—Íbamos a hacerlo —contestó el hombre— y nos acercamos. Entonces vimos que estaba muy protegida. Alrededor de ella había *veintisiete* soldados del gobierno bien equipados.

Está por demás decir que el doctor Foster y su ayudante estaban asombrados.

El incidente permaneció como un misterio hasta que el ayudante del doctor Foster regresó con licencia a Estados Unidos. Allí se le acercaron varias personas de su equipo de oración ... es más, el Señor había dado una carga especial a *veintisiete personas* [le dijeron] para orar por él un día anterior. Fue *el mismísimo día* en que había estado varado en la selva.

La historia nos recuerda el maravilloso versículo que dice:

El ángel de Jehová acampa alrededor de los que le temen, y los defiende.[17]

Es común suponer que personas anónimas que aparecen en nuestras vidas y hacen algo maravilloso para luego desvanecerse aparentemente sin dejar huellas, sean tomadas por muchos creyentes como ángeles. En el libro de Hábitat para la Humanidad, *The Excitement Is Building* [Se está edificando la emoción], se narran muchos de estos encuentros. Una de mis historias favoritas es la de una cuadrilla de voluntarios que estaba construyendo una casa en Fort Myers, Florida.

Un sábado en la mañana los voluntarios llegaron al lote para ensamblar las paredes prefabricadas, los marcos de las puertas y las armaduras (grandes Vs que dan a los techos su forma de pico). Pero cuando las paredes se habían levantado y era hora de colocar las armaduras, «estas sencillamente no calzaban», escribió el autor. Una y otra vez los trabajadores intentaron encontrar maneras de volver a calcular e instalar las armaduras para que calzaran, pero pronto se hizo evidente que el problema era imposible de remediar.

Más o menos en ese momento un insignificante transeúnte se detuvo y miró la situación. Después de uno o dos minutos de cuidadosa observación preguntó si podía inspeccionar la escena con más detalles. Puesto que en ese instante todos estaban muy frustrados, no observaron al hombre, que subió con destreza al marco para examinar la distribución. Bajó al poco rato y dio una sacudida a los desalentados voluntarios. Explicó una detallada pero básica solución al aparentemente insoluble problema. Los voluntarios comenzaron rápidamente a seguir las sugerencias y el plan funcionó a la perfección.

«Entonces notaron que su "ingeniero divino" había desaparecido.[18]

El ser angelical

La idea de que los ángeles son reales, que interceden en nuestro mundo para ministrar a los hijos de Dios (¡es decir, a nosotros!), debería inspirarnos a hacer una pequeña obra de ángeles siempre que se presente la oportunidad. Los hechos que hacemos no siempre involucran asombrosos cálculos matemáticos, como la labor del «ingeniero divino» de los trabajadores de Hábitat; pero pueden ser tan sencillos como una delicada palabra de aliento o tan tranquilizadores como una sonrisa.

Algo que aprendí es que a veces Dios utiliza los más pequeños gestos de amabilidad para sacar una vida del tormento, aliviar un corazón herido o brindar una chispa de esperanza. Mis colaboradoras y yo vemos suceder esto en todo congreso de Mujeres de Fe, donde obsequiamos las pequeñas estatuillas mate de mármol que llamo «salpicaduras de gozo».

Para ser sincera, estos pequeños obsequios significan bastante trabajo para nosotras. Se envían al sitio de cada congreso desde la fábrica en Wichita, Kansas, y las cajas son *realmente* pesadas. En el lugar de trabajo donde serán vendidos mis libros nos arriesgamos a desgarrar nuestras espaldas cada vez que subimos una de las cajas a la mesa... y generalmente hay varias cajas.

Luego, si tenemos suerte, logramos abrir las cajas sin rompernos las uñas (pareciera que sellaran las cajas con el mismo pegamento que se usa para unir el transbordador espacial). Después abrimos las docenas de bolsas en que están empacadas las estatuillas de mármol. Finalmente arrastramos las cajas por todas partes, desparramando las figuras sobre los libros y las esquinas de la mesa. Si tenemos tiempo quitamos el polvo de resina antes de que las puertas se abran la noche del viernes y las mujeres comiencen a entrar... ¡a veces quince o veinte mil de ellas! ¡Allí es cuando comienza la *verdadera* salpicadura de gozo!

Cuando las mujeres pasan por nuestro lugar de exhibición, mis colaboradoras y yo les decimos: «¿Quieres una salpicadura de gozo?» Luego, aun cuando también les pasamos pequeños papeles que explican las estatuillas, tenemos que decir aproximadamente 2.887.922 veces (¡al menos así parece!): «Colócala en el alféizar de la ventana. Cuando brille te recordará todas las maneras en que Dios bendice tu vida... Sí, son gratis... No, no tenemos de otro color... Por supuesto, también puedes llevar otra a tu hermana (amiga, madre, hija, compañera de trabajo, esposa del pastor o conductora del autobús)... No, no es adhesiva. No es magnética».

Luego, después de horas de esto, nuestro «discurso» cambia a: «Ya no hay, lo siento. Se acabaron... No, en realidad no hay forma de pedirlas por correo; Barb las envía todas al lugar de cada congreso y allí las entregamos... Sí, es verdad que se acabaron. Lo sé... Hace poco teníamos toda una montaña de ellas; es más, teníamos casi cien kilos de ellas. Pero se acabaron».

Créame, ¡llega un momento en cada congreso en que usted no se atrevería a nombrar las palabras «salpicadura de gozo» cerca de mis ayudantes! ¡Es probable que le lancen una mirada que le dejaría el rostro helado por varios días! Por eso es que todas reímos hasta llorar (¡lloramos *de verdad!*) cuando una dama me escribió hace poco y me sugirió que «extendiéramos» la idea de salpicaduras de gozo vendiendo *jarras* de mármol a las asistentes a los congresos. Las podríamos llamar «jarras de gozo», sugirió.

Tengo que admitir que la idea de esta dama es realmente buena... desde un punto de vista de mercadeo. El solo hecho de pensar en transportar *jarras* y *más* figuras de mármol a donde vamos nos vuelve histéricas. Comportándome un poco traviesa, hablé de la carta de la mujer a una de las compañeras que trabajan a mi lado. También rió. Luego lloró. Y por último dijo: «¡Renuncio, Barb!»

No, la causa de las salpicaduras ya tiene suficientes problemas. En ningún momento hemos pensado en venderlas en jarras. Es más, ¡cuando termina el congreso nuestra firme opinión es que ni siquiera queremos escuchar otra vez la frase «Salpicaduras de gozo»!

Entonces volvemos a casa y llegan las inevitables cartas...

«Querida Barb —diría una—, este ha sido un año fatal para mí. No quería ir al congreso, pero mi amiga de la iglesia insistió. Nos detuvimos ante tu exhibición de libros y una de las damas asistentes sonrió y dijo: «¿Necesitas una salpicadura de gozo?» Me extendió una estatuilla mate de mármol y dijo que me recordaría todas mis bendiciones. La coloqué en mi bolsillo y me dispuse a olvidarme de ella. Pero cada vez que metía la mano en el bolsillo la sentía allí. Poco a poco influyó en la realidad: A pesar de todo lo que me sucede tengo muchas bendiciones que agradecer. Estoy sana. Mi esposo me ama. Tengo amigas que se preocupan por mí. Gracias, Barb, por ayudarme a recordar».

La mujer que sugirió que vendiéramos jarras de gozo agregó que había asistido al congreso de Mujeres de Fe «sintiendo todo menos gozo». Dijo que estaba pasando por una separación legal con su esposo que la llenaba de tensión, y consideraba su vida «fuera de control, frustrada e injusta». Entonces tomó la «ridiculez» de mi exhibición.

La coloqué en el bolsillo de mi abrigo y la toqué todo el día y los días siguientes. Me recordó realmente el amor de Dios por mí y me mantuvo esperando esas pequeñas pero preciosas salpicaduras de gozo, que Él es fiel en inyectar cada día si las buscamos, las reconocemos y las recibimos. Mientras conducía a casa ese día desde el congreso le pedí al Señor que me ayudara a encontrar algunas de esas «salpicaduras» para compartirlas con otros, como tú lo has hecho.

La mujer finalmente encontró algunas parecidas y comenzó a distribuirlas.

Primero, le expliqué a mi esposo e hijos lo que eran las «salpicaduras de gozo» y le di dos a cada uno, una para que la tuvieran con ellos y otra para que la dieran a alguien más. En los días siguientes coloqué constantemente «salpicaduras» en mis bolsillos y las di a otros... a un niñito en la clase de primer grado de mi hijo, quien estaba desalentado; a mi médico; a mi mejor amiga; a una dama en la caja de la tienda de comestibles; a la chica que me cuida los niños y a su hermana; y a extraños que providencialmente se atravesaban en mi camino. Lo menos que todas las personas sintieron fue emoción, bendición y ánimo.

Finalmente mis pensamientos se dirigieron a mi madre... Ella es viuda, tiene un estresante trabajo de tiempo completo y es muy propensa a la depresión... Le envié una bolsa de «salpicaduras», le expliqué la idea y le rogué que comprara una jarra hermosa, las colocara dentro y las mantuviera encima de su escritorio. Mis hijos y yo hicimos un pequeño letrero para la jarra que decía: «Salpicaduras de gozo». Le encantó la idea y ahora usa esas salpicaduras, igual que yo, para animar a otros a su alrededor.

Otra mujer que me escribió una carta dijo que le dio a su hermana la pequeña salpicadura azul que tomó de nuestra exhibición de libros cuando el equipo de Mujeres de Fe estuvo en Pittsburgh, en septiembre de 1996. La hermana, que era una abuela y madre felizmente casada, estaba luchando contra el cáncer en el seno que le llevaría otros dos años. Colocó la pequeña estatuilla de mármol sobre el estéreo, donde a menudo le hacía aparecer una sonrisa en el rostro.

La hermana estaba en el hospital en noviembre de 1998 cuando los médicos le dieron solo unos pocos días de vida. Lo que sucedió a continuación fue un acto increíble de amor que salió de la adversidad. La carta de la mujer lo describió muy bien:

> Mi hermana quería morir en casa. Mientras los médicos y las enfermeras hacían preparativos para darla de alta en unos días, ella hacía preparativos para su funeral.
>
> Allí fue cuando recordó las salpicaduras de gozo. Hizo que su hija fuera de tienda en tienda hasta que encontró las figurillas mate de mármol Compró una buena cantidad de diferentes colores y llenó con ellas un hondo tazón de vidrio claro. Cuando llegaron los médicos y las enfermeras a hacer su trabajo les pidió que metieran la mano en el tazón y tomaran

una salpicadura de gozo. Cuando la dieron de alta, ¡todos estaban llorando! ¡Nunca la olvidarán ... ni olvidarán el gozo que les infundió!

La mujer, de cuarenta y cinco años, murió a los pocos días. Durante su funeral se colocaron tazones repletos de salpicaduras de gozo en toda la iglesia y todos fueron invitados a llevar algunas a sus casas juntamente con un pequeño papel que explicaban lo que eran. La hermana había sido alérgica toda la vida a las flores. La carta continuó narrando que para los servicios fúnebres, el santuario estaba repleto de flores «¡de quienes no pudieron darle nada mientras vivía! Fue el último gesto de amor que todos le expresaban y las salpicaduras de gozo fueron el último gesto de amor para los que quedaron».

Me sentí muy emocionada al leer la carta de la hermosa historia de esta mujer. Luego leí la parte que me hizo derramar lágrimas:

Barbara, no tienes idea de cómo tu pequeña idea se ha convertido en algo enorme. Hoy día tus salpicaduras de gozo se han repartido por todo el Condado Steuben, Nueva York. Incluso personas que no conocían personalmente a mi hermana han solicitado una salpicadura después de oír hablar de las estatuillas de mármol. Estoy segura de que hay centenares de historias de personas de todas partes que podrían hablar de cómo las salpicaduras de gozo han tocado sus vidas.

Me disculpo porque esta carta resultó muy larga; lo que en realidad quería decirte es: «Gracias» por la alegría que repartes. ¡Espero que hayas sido tocada por el gozo que ahora «regresa a ti!»

Más de lo que piensas, querida... más de lo que puedes imaginar.

«EL CIELO DEBIÓ HABERTE ENVIADO»

Usado con permiso de Samuel J. Butcher, creador de *Precious Moments*.

Demasiado bienaventurado para estar con estrés

De estas cartas usted puede comprender cómo estas «pequeñas ridiculeces» que llamo salpicaduras de gozo no solo son bendiciones que regresan a quienes las damos. También son piedritas que caen en un estanque y generan ondas de bendiciones que se mueven en toda dirección. Por supuesto, algunas de ellas caen en carteras o bolsillos y se quedan rápidamente en el olvido. Sin embargo, de vez en cuando esas pequeñas piezas de cristal pulido tocan una vida en una manera que nadie podría esperar. El resultado es sencillamente asombroso.

Al ser un ángel amoroso, me gusta pensar que mis colaboradoras y yo (las «salpicadoras») estamos haciendo la obra del ángel cuando lanzamos estas estatuillas en el mar de mujeres que asisten a las conferencias de Mujeres de Fe (las «salpicadas»). Como resultado recibimos (juntamente con otras que comparten la idea) el ánimo más reconfortante. Como lo dijera la escritora de una carta, «las salpicaduras de gozo se vuelven lluvias de bendiciones» para *todas* nosotras.

La bondad generada por esas estatuillas coloridas regresa a nosotras. ¡Revolucionan y aceleran cambios en nuestras baterías hasta el punto que una semana después volvemos a arrastrar esas cajas y podemos repetir nuestros pequeños discursos otras miles de veces!

Misiones temporales

Un atisbo de actividad angelical me ocurrió el año pasado cuando el congreso de Mujeres de Fe se celebró en Buffalo, Nueva York. Bill y yo visitamos las cataratas del Niágara la tarde anterior a la inauguración. (Reímos todo el camino de ida, recordando cómo le había dicho a una de las colaboradoras del congreso que Bill y yo nos íbamos a tomar la tarde libre para «lo del Niágara» y ella había mal interpretado y pensado que yo le dije que íbamos a lo del *Viagra*, refiriéndose al nuevo medicamento para hombres que hace poco salió al mercado.)

¡Qué imponentes son las cataratas del Niágara. Yo estaba embelesada por la extraordinaria belleza de esta maravilla natural mientras navegábamos en la pequeña embarcación *Doncella de la Neblina*, hasta el pie de las majestuosas cataratas, y sentía el poder estruendoso del agua al precipitarse por el abismo. Me sentí muy emocionada al levantar la vista hacia la blanca cortina de agua, ver lo que parecen ser cristales brillantes chispeando en la luz del sol y comprender cómo las cataratas simbolizan la emanación del amor de Dios que nos refresca.

La historia de las cataratas del Niágara que me hizo pensar en ángeles se refería a dos niños que hace varios años cayeron en el río en la parte alta de las cataratas durante el accidente de un barco. Este quedó destruido, su capitán murió y un niño de siete años fue lanzado sobre las cataratas. Sobrevivió de manera milagrosa y fue rescatado por la *Doncella de la Neblina*.

La hermanita del niño estaba cerca del borde de la catarata cuando la divisó un turista de Nueva Jersey, quien subió la barandilla de seguridad, caminó en el agua y extendió el cuerpo hacia la niña. En el último momento posible la niña le agarró el dedo pulgar. Sin embargo, el peso adicional añadido a la insegura posición del hombre en la corriente hizo que perdiera el equilibrio y se bamboleara peligrosamente muy cerca del precipicio. Pidió ayuda y un segundo turista, un hombre de Pennsylvania, subió a la barandilla de seguridad y le ayudó a llegar a la orilla.

Los salvadores fueron solo dos hombres «comunes y corrientes», dos turistas, que tal vez ese día se llenaron de adrenalina extra para jalar a la niña y evitar que cayera en las cataratas. No obstante, muchos que los vieron arriesgar sus vidas por una desconocida los compararon con ángeles.[19]

Exactamente como la Biblia nos habla de «hospedar desconocidos» porque podrían ser ángeles disfrazados, también deberíamos estar listos a «rescatar desconocidos» si Dios decide *usarnos* de maneras angelicales. La mayoría de nosotros quizás esperamos que no se nos envíe a inclinarnos sobre el borde de las cataratas del Niágara y jalar a alguien para evitar que caiga y muera. En vez de eso, sin darnos cuenta podría enviarnos a, por ejemplo, Omaha, para estar en el asiento del avión al lado de una madre desconsolada o un padre duro de corazón. Podría ser alguien que intenta escapar de Dios. Quizás Él podría colocarnos en medio de una multitud donde una persona, que defiende tranquilamente lo que está bien, tal vez marque toda la diferencia. Es posible que nos envíe a un hospital, una prisión o un asilo de ancianos para tomar la mano de alguien que desesperadamente se extiende hacia Dios.

Bendiciones bumerang

En todas partes hay oportunidades de hacer el bien, pero a veces son fugaces. Seguimos adelante y después nos decimos: *Debí haber hecho esto o aquello.*

Hay una maravillosa anécdota sobre esta clase de decisiones para hacer el bien que nos trae bendiciones. La historia describe a un rey que quería saber la clase de personas que habitaban su reino. Hizo rodar una enorme roca hasta el centro de un importante camino, se escondió luego entre el bosque y se puso a vigilar lo que sucedería. Un mercader con su carromato lleno de mercancías se detuvo ante la enorme roca. Por un instante pensó en moverla, pero decidió que no valía su tiempo ni su esfuerzo. Guió los caballos alrededor de la roca, creando una nueva ruta en el pasto al lado del camino. Luego llegó un carruaje que transportaba a un dignatario real. Cuando el conductor se detuvo, el funcionario sacó la cabeza por la ventanilla y con impaciencia le exigió que rodeara rápidamente el obstáculo. El siguiente en pasar fue un granjero que halaba una carreta con heno. También se desvió alrededor de la roca sin intentar quitarla del camino.

Por último apareció un jinete solitario que fácilmente podía rodear la roca con su caballo. Sin embargo, se detuvo, buscó una rama de un árbol para usarla como palanca y se las arregló para arrancar la roca de su posición y hacerla rodar hasta la zanja. Cuando se disponía a montar su caballo para alejarse observó una bolsa de cuero en el sitio donde había estado la roca. En el interior había cien monedas de oro y una nota del rey, explicando que el oro era para la persona que se tomara el tiempo de quitar la piedra del camino.[20]

Esta historia me recuerda otra bendición bumerang que nos llegó por algo que sucedió en un congreso de Mujeres de Fe. En mi exhibición de libros solo aceptamos dinero efectivo y cheques, no tarjetas de crédito. Cuando las mujeres quieren comprar libros y no tienen suficiente efectivo les decimos que los lleven y envíen después el dinero. Por lo general les causa asombro creer que confiamos en ellas, pero hasta donde sabemos nunca hemos tenido alguien que lleve los libros y no nos envíe el pago.

La bendición especial llegó el verano pasado, cuando el congreso se llevó a cabo en la costa occidental. Le dijimos a una mujer que solo tenía tarjetas de crédito que llevara los libros que quería y después nos enviara el dinero por correo... lo cual hizo. La bendición llegó cuando la mujer fue a casa y le contó a su esposo, un incrédulo, cómo habíamos confiado en ella con los libros. El hombre estaba tan asombrado que le dijo que me enviara un cheque, ¡no por el valor de los libros que compró sino por quinientos dólares para apoyar nuestra obra con familias en problemas!

Por supuesto, no existe garantía de que toda buena obra que hagamos resulte en que esa persona devuelva el favor. Sin embargo, estoy convencida de que tarde o temprano, de una u otra manera, llegará una bendición. Pero aunque no hubiera un efecto bumerang, sabemos que al tener bondad con otros estamos haciendo la voluntad de Dios. Esa debería ser para los cristianos una bendición suficiente.

Dondequiera que vayamos debemos estar conscientes de las posibilidades de hacer el trabajo de ángeles... no para predicar y citar la Biblia sino para servir y ministrar a otros, aun a quienes no pueden devolver nuestra bondad. Quizás ellos a la vez pasen la bendición sobre otra persona y no sobre nosotros.

Siempre que podamos debemos seguir el ejemplo de la bondadosa mujer que un frío día de noviembre vio a un niño descalzo de diez años parado ante una tienda de zapatos en Nueva York.

—¿En qué estás pensando? —le preguntó después de detenerse ante el niño.

—Le estoy pidiendo a Dios que me dé un par de esos zapatos —replicó el chiquillo.

La dama se dirigió a la puerta del almacén y le extendió la mano.

—Ven conmigo —le dijo.

Cuando se dirigía al fondo del almacén, la señora tomó del anaquel media docena de pares de medias. Le pidió al empleado que le diera un lavamanos con agua caliente y una toalla. El hombre lo hizo rápidamente.

La dama se quitó el abrigo y los guantes, se arrodilló, lavó los pequeños pies del niño y los secó con la toalla. Hizo deslizar las medias entre los fríos dedos y luego pidió al empleado que le pasara los zapatos que el niño había visto en la vitrina. El chico observaba maravillado mientras se cumplía su ruego. Finalmente el dependiente colocó las medias sobrantes en una bolsa, sumó la cuenta y aceptó el dinero de la mujer.

—Ahora estarás mucho más cómodo —le dijo sonriendo al niño cuando pasaban juntos por la puerta de salida. Cuando se disponía a marcharse, el asombrado muchacho le tomó la mano y la miró directo al rostro.

—¿Es usted la esposa de Dios? —preguntó.

Como cristianos somos la Novia de Cristo, su Iglesia. Demostramos su amor a otros cuando hacemos obras de ángeles en su nombre. Estas bondades no tienen que ser audaces o costosas. Una palabra de ánimo, o una actitud sencilla de alegría, con frecuencia pueden marcar la diferencia en alguien que ha perdido la esperanza. Una pequeña sonrisa puede iluminar el día a alguien. Además, mientras usted está sonriendo también podría dar un paso adelante y compartir una o dos risitas. Usted sabe lo que los demás dicen: Una risa no es más que una sonrisa en un banda sonora.

C.S. Lewis dijo: «El mejor argumento para el cristianismo son los cristianos: su alegría, su seguridad y su integridad». Sin embargo, Lewis también advirtió que los cristianos pueden ser «el más firme argumento *contra* el cristianismo ... cuando son tristes y sombríos, cuando son farisaicos y petulantes ... cuando son intolerantes y represivos, entonces el cristianismo muere mil veces».[21] Decidamos ser ángeles de alegría y misioneros de regocijo adondequiera que vayamos hoy... ¡y todos los días!

Rompenubes

Un ángel es alguien
que pone de manifiesto el ángel en usted.

Las personas con un corazón para Dios
tienen un corazón para los demás.[22]

Recuerde:
Cada uno de nosotros puede disminuir el sufrimiento
del mundo al añadir su alegría.[23]

Haga un equipo de amistad
Venda elástica: Para acercar a los amigos
Pañuelos faciales: Para secar una lágrima
Recetario: Para hacer y compartir
Papel de carta y sobres: Para escribir una nota
de ánimo
Curitas: Un recordatorio de que los amigos
ayudan a sanar un corazón adolorido
Poema: Para expresar su amor
Oración: Para llevar a sus amigos ante Dios

Cada uno de nosotros somos ángeles con una sola ala. Solo podemos volar al abrazarnos mutuamente.

Luciano de Crescenzo

PONGAN LOS BRAZOS ALREDEDOR DE CADA UNO
(El excepcional título de esta página 1 apareció
en The Tennessean en abril de 1998, citando al mayor Phil
Bredesen al día siguiente en que un devastador tornado asolara
gran parte del oriente de Nashville.)

Siempre trate razonablemente [con otros] y no sea grosero. ¡Piense en que el extraño con quien trata podría ser el visitante sentado a su lado en la iglesia el próximo domingo![24]

Cuando Jesús murió en la cruz y lo salvó a usted del pecado, lo hizo no solo para que entrara al cielo sino por algo aun más importante.... Jesús lo salvó ... para convertirlo en una persona que pudiera hacer en su nombre espléndidas obras por otros.[25]

No se necesita mucha sabiduría para infundir valor a un individuo, pero se necesitan sesenta segundos. Ese es el tiempo que se tarda en caminar hacia alguien que amamos y abrazarlo con suavidad.26

El día de San Valentín un arrugado anciano se sentó en el asiento de un autobús sosteniendo un ramo de rosas frescas. Al otro lado del pasillo estaba una joven cuyos tristes ojos parecían estar fijos en el suelo... a excepción de algunos instantes en que daba una y otra mirada a las flores del hombre.

Llegó el momento en que el hombre debía bajar. De manera impulsiva colocó bruscamente las flores en el regazo de la chica. «Veo que te gustan las flores —exclamó—. Las estaba llevando a mi esposa, pero sé que a ella le gustaría que tú las tuvieras. Le diré que te las regalé».

La muchacha aceptó las flores con una encantadora sonrisa, luego vio al anciano bajarse del autobús... y pasar por la puerta de un cementerio.

El que venciere será vestido de vestiduras blancas; y no borraré su nombre del libro de la vida, y confesaré su nombre delante de mi Padre, y delante de sus ángeles.27

«HACES QUE MI ESPÍRITU VUELE ALTO»

¡Tocad la trompeta!
Tocadla de manera fuerte y clara.
Tocadla de modo que todos puedan oírla.
El pueblo de Dios espera escuchar ahora el sonido final
Para dejar este mundo y vivir en tierra donde no hay maldad.[1]

Ya nunca más necesitaré
esta casa

Una noche de 1916, en la profundidad de una mina de carbón en Kentucky, un carro carbonero fuera de control casi mata a Harrison Mayes, un joven minero. Luchando por sobrevivir a sus terribles heridas, Mayes prometió a Dios que si le permitía vivir se dedicaría a la obra del Señor. Aparentemente Dios aceptó el ofrecimiento; el minero vivió hasta los ochenta y ocho años de edad.

Nunca se le ocurrió a Mayes incumplir su parte en el trato con Dios, pero le llevó tiempo hacerse su humilde huequito en el reino de trabajadores de Dios. Como era desentonado, definitivamente cantar el evangelio no era para él. También era un fracaso como predicador.

¡Ah!, pero Mayes podía usar las manos. Pronto comenzó a pintar letreros con consignas cristianas. Su primer mensaje impreso fue «No al pecado», ¡que pintó en ambos lados del chancho de la familia! A continuación hizo cruces de madera y luego, como un escritor describiera su celo, «como un evangélico Johnny Appleseed, las plantó en todo el sureste».

Aunque mantuvo su trabajo en la mina de carbón (es más, a menudo trabajaba doble turno para financiar su obra como mensajero de Dios) su verdadero enfoque estaba en plantar sus cruces en toda la nación. En la década de los cuarenta comenzó a vaciar letreros de concreto en forma de corazones y también de cruces, con mensajes bíblicos en los moldes: «Prepárate para encontrar a Dios», «Jesús viene pronto» o «Arregla cuentas con Dios». Cada letrero pesaba setecientos kilos.

Mayes, quien no manejaba, contrató un camión de plataforma para transportar los letreros por las carreteras estadounidenses. Luego cavaba hoyos y con cuidado «plantaba» los letreros. Para plantar más corazones y cruces, miles de sólidos y resistentes monumentos de cemento se erguían en carreteras de cuarenta y cuatro estados.

Aunque su enfoque estaba en plantar cruces en las carreteras, Mayes también utilizó un medio antiguo para transportar mensajes de Dios. Se calcula que metió pequeños versículos bíblicos y otras notas religiosas en por lo menos cincuenta mil botellas de todo tamaño y las puso a flotar en ríos y arroyos de todo el país.

Su hijo, entrevistado hace pocos meses para un artículo periodístico, recordó que aunque su padre nunca buscó donaciones, sin embargo recibió apoyo de muchos mineros y sus iglesias. Si su padre tenía seis dólares, dijo su hijo, daba tres a la familia y gastaba el resto en sus letreros.[2]

Usted quizás podría pensar que Harrison Mayes estaba un poco loco. Hasta podría cuestionar su locura mientras realizaba su inquebrantable campaña para entrecruzar a Estados Unidos con cruces. No obstante, usted nunca podría dudar de su devoción a Dios.

Cuando Mayes murió en 1988 no dejó dinero a su familia como herencia. Se puede decir que no acumuló tesoros terrenales. Parecía comprender la sabiduría que dice que cuando se va al cielo lo único que se lleva es lo que se deja atrás. Lo que Harrison Mayes dejó atrás fue un legado de amor por el Señor... y varias miles de sencillas señales al borde de las carreteras, que dirigieron a los que venían después de él hacia la salvación. Todavía permanecen de pie algunas de las cruces y señales de Mayes; quizás usted haya visto una de ellas que le ha hecho recordar: «Jesús salva».

¿Se puede usted imaginar al pequeño y encorvado minero parado humildemente ante el trono poderoso de Dios cuando el Padre revise sus buenas obras? Seguramente Harrison Mayes verá un guiño en el ojo de Dios y lo escuchará decir: «¡Bien, buen siervo y fiel!»

«ESTE MUNDO NO ES MI HOGAR

Usado con permiso de Samuel J. Butcher, creador de *Precious Moments*.

El camino angosto al cielo

El cielo será un lugar espacioso y toda clase de tesoros estarán allí a nuestra disposición. Pero la entrada es demasiado pequeña para un camión de mudanza; no podemos llevar nada con nosotros al paraíso, excepto el amor que llevamos en nuestros corazones. Harrison Mayes sabía muy bien esa lección.

Jesús dijo: «Estrecha es la puerta, y angosto el camino que lleva a la vida real».[3] Cuando leemos este versículo por lo general pensamos en cuán fácilmente podemos salir del angosto rayo de luz que ilumina la ruta al cielo. Pero también nos recuerda que allí hay un área de estacionamiento fuera de la puerta y un letrero que dice: «Salida de carga ancha». Esa es la zona de descarga donde depositamos todo lo que ha significado mucho para nosotros en la tierra: los depósitos bancarios, joyas, espléndidas casas y autos lujosos. Nada de eso pasará por el camino angosto al cielo.

Sin embargo, eso no es todo lo que dejamos en la zona de estacionamiento fuera de las nacaradas puertas. Allí también descargaremos todas nuestras preocupaciones, juntamente con nuestros corazones quebrantados y nuestras lágrimas.

Mi nuera Shannon me describió de manera maravillosa el camino que vio uno de los amigos de ella y de mi hijo Barney cuando se acercaba el final de una lucha de diez años con el cáncer: «Paulatinamente dejamos ir las cosas del mundo y agarramos las cosas del cielo». Fue un proceso gradual, dijo ella, y le ilustró el modo en que las personas «luchan para llegar a esta vida y para salir de ella».

El amigo tuvo una notable transición mientras el tiempo pasaba, dejando ir las preocupaciones del mundo y la ansiedad inicial que sintió cuando le diagnosticaron la primera vez, liberando la frustración que lo había atormentando, y apoderándose de la paz que parecía fluir del cielo y envolverlo confiadamente en el manto consolador de Dios. Al fin, cuando murió, comprendió con claridad que no se llevaba nada, dijo Shannon, «excepto el amor de aquellos cuyas vidas había tocado».

Las hermosas palabras de Eclesiastés nos enseñan que hay un «tiempo de buscar y tiempo de perder; tiempo de guardar, y tiempo de desechar».[4] Hay ocasiones en la vida en que debemos esperar, tomar con firmeza la mano de Dios y luchar con valentía para agarrarnos de sus promesas. Entonces, al final de nuestras vidas, hay un tiempo de dejar que se vayan las luchas y caer sencillamente en esos brazos eternos del Padre.

Piense en cómo era América cuando los europeos comenzaron a explorar el nuevo mundo. Caminaron o cabalgaron en la tierra por senderos sencillos (rutas usadas por indios o animales salvajes que iban uno tras otro por los bosques). Cuando los colonos sintieron la necesidad de viajar más al oeste, los sencillos senderos se hicieron dobles para acomodar las ruedas de las carretas que arrastraban familias y sus pertenencias. Cuando los pioneros dejaban el hogar llenaban sus enormes y pesados carromatos con todo, desde perlas hasta pianos... tesoros que seguramente necesitarían en su nuevo hogar.

No obstante, a menudo sucedía algo interesante cuando transcurrían los días y comenzaban las dificultades. A medida que el viaje continuaba, paulatinamente cambiaban las prioridades de muchos colonos. Además de algún río crecido por inundaciones, al prepararse para vadear la corriente podrían deshacerse del piano que amenazaba hundir el carromato. Muchos abandonaban al pie de las montañas sus atesoradas reliquias, baúles y otros muebles que habían heredado por generaciones. En medio del desierto dejaban atrás el carromato con todo su contenido, de modo que cuando salían al otro lado (*si* lograban salir) a veces no les había quedado nada más que sus vidas. Todo lo que necesitaban una vez más era un sendero angosto, del ancho de una persona.

Parecido es el camino en que nos acercaremos al cielo: estando solos, con las manos vacías, con todas nuestras «importantes» prioridades terrenales desparramadas en la calzada que quedó atrás al angostarse hasta convertirse en un sendero del ancho de una sola persona. Cuando estemos de pie ante el trono de Dios no tendremos nada que mostrar por nuestro esfuerzo en la tierra, a excepción de la vida que hemos llevado por Él. Eso es lo que la gente quiere decir cuando afirman que no podemos llevar algo al cielo, pero que podemos enviarlo por adelantado. Lo hacemos al invertirnos a nosotros mismos, y a nuestro amor para Dios, en los corazones y vidas de otros.

> El hombre, como la hierba son sus días;
> Florece como la flor del campo,
> Que pasó el viento por ella, y pereció,
> Y su lugar no la conocerá más.[5]

Aunque no llevamos nada al cielo, podemos dejar detrás muchas cosas importantes para animar a nuestros amigos y seres queridos... y muchas de esas cosas no tienen nada que ver con bienes materiales.

¿Ven los demás a Dios en nosotros?

Lo único que nos podemos llevar al cielo es lo que hemos dejado en las vidas que tocamos. Las palabras de un ministro en unas honras fúnebres también ilustran esta clase de legado: Una mujer murió poco antes de mudarse a la ciudad donde vivía su única hija, llamada Cathy, que estaba lejos de su pueblo natal. Puesto que Cathy era muy amada en su propia iglesia decidió tener allí el funeral de su madre, entre sus más íntimos amigos, en vez de regresar al pueblo natal donde ella y su madre habían vivido.

El ministro dijo en el culto: «No conocí a la madre de Cathy. Pero conozco a Cathy y estoy seguro de que vi a su madre en ella... exactamente como sé que veo en ella a Jesús. Cathy fue criatura de su madre y ella es criatura de Jesús. Vemos en su vida el amor que su madre y Jesús invirtieron en ella».

Los fondos fiduciarios se pueden heredar. Las reliquias familiares suelen heredarse. Pero tarde o temprano cualquier tesoro terrenal que dejemos a nuestros seres queridos acabará en esa pila de escombros a lo largo del angosto sendero al cielo. El único legado que vale la pena son nuestras huellas para que ellos las sigan... directamente al trono de Dios. Nada más importa a la luz de la eternidad.

Cuando un hombre se estaba mudando a otra ciudad, sus amigos le obsequiaron un diminuto y floreciente árbol joven para que lo plantara en su nuevo hogar como recuerdo de todos los buenos tiempos que habían tenido juntos. El hombre cuidó el árbol en el césped de su nueva casa y pronto creció más alto de lo que él era. Cada primavera, su creciente despliegue de flores levantaba su espíritu y le recordaba a sus amigos en «casa».

Sin embargo, tuvo que mudarse de nuevo, y esta vez a otra parte del país. No tuvo valor para dejar el árbol porque significaba mucho para él. Por lo tanto llamó a un experto en árboles.

—Me llevaré este árbol, sin importar lo que cueste —le insistió.

Pero el especialista solo movió la cabeza de un lado al otro.

—Este árbol no vivirá en el lugar a donde va —dijo—. No puede sobrevivir en ese clima. Lo único que puede hacer es contar a los nuevos dueños la historia y ayudarles a comprender cuán especial es.

Así es como muchos de nosotros terminamos con el árbol de vida enraizado en nuestros corazones. Su semilla fue un regalo de otra persona, alguien que cuidó su crecimiento en su propia vida... y luego nos pasó el regalo a nosotros. ¡Qué privilegio es recibir tan asombrosa herencia! Su valor está más allá de cualquier comparación terrenal. Este es el regalo de vida eterna de Jesús para nosotros, algo que no merecemos, por lo que no nos esforzamos y que no se puede comprar por ningún precio.

El nuevo yo

Aunque es importante pensar en los legados espirituales que dejamos, es una verdadera alegría pensar en las herencias que nos esperan en el cielo. Me emociono al imaginarme en la presencia constante de Dios y envuelto con regocijo en su amor eterno. ¡Estoy ansiosa por ir a mi propia mansión, caminar por las calles de oro y unirme a los coros celestiales!

Pero hay algo más que me hace aturdir positivamente al pensar en esto. Es el nuevo cuerpo que tendré el instante en que termine el Arrebatamiento. La Biblia dice: «En un momento, en un abrir y cerrar de ojos, a la final trompeta; porque se tocará la trompeta, y los muertos serán resucitados incorruptibles, y nosotros seremos transformados».[6]

Un himno muy antiguo describe el proceso de regocijo:

> En esa mañana de resurrección
> Cuando los muertos en Cristo se levanten
> Tendré un nuevo cuerpo, alabado sea el Señor,
>   tendré una nueva vida.
> Sembrado en debilidad, levantado en poder,
>   listo para vivir en el paraíso,
> ¡Tendré un nuevo cuerpo, alabado sea el Señor,
>   tendré una nueva vida por la eternidad![7]

Bueno, la Biblia no dice que podremos escoger la clase de nuevo cuerpo que tendremos, ¡pero en caso de poder, planeo pedir algo en talla pequeña! Por años he dicho que tengo un perfecto cuerpo diez, pero lo mantengo cubierto con grasa para que no se raye. ¡Tal vez en el cielo se revele finalmente mi cuerpo «interior» de ensueño! Si eso pasa seré como la caricatura mía que Word Publishing incluyó en una promoción.

Es cómico pretender que en el cielo podremos elegir y escoger partes específicas del cuerpo en vez de que se nos asigne de una vez un nuevo modelo. Veamos... yo podría pedir una voz dinámica como la de Billy Graham, un corazón bondadoso como el de la Madre Teresa y pies incansables como los de Juan el Bautista. Quizás mientras esté allí pueda pedir la paciencia de Job, la habilidad artística de Miguel Ángel, la sabiduría de Salomón, la visión de C.S. Lewis y las manos de Noé... o tal vez las manos del Maestro Carpintero.

Cuando en el cielo tengamos nuestros nuevos cuerpos, y nuevas vidas eternas, habrá inevitablemente algunas lágrimas entre los que dejamos atrás. (¡Al menos lo esperamos! Como lo dijo alguien: «Partir es una dulce tristeza... ¡a menos que no puedas soportar a esa persona!») Toda lágrima que se derrame aquí en la tierra reflejará sencillamente la luz del gozo celestial que tendremos cuando nos mudemos a nuestros cuerpos nuevos y comience nuestra nueva vida. Entonces regresaremos a ver y comprenderemos el significado de la observación: «La mayoría de las piedras preciosas de Dios son lágrimas cristalizadas».

El conmovedor día

Es verdad, espero el cambio al nuevo cuerpo que Dios me ha prometido. No más sufrimientos ni dolores, no más gemidos, no más callos ni llagas. Cuán maravilloso es pensar en que el cambio de mi cuerpo terrenal será instantáneo, como la ruinosa casa descrita en la antigua y extraordinaria canción:

> Esta vieja casa empieza a desplomarse,
> Esta vieja casa se está haciendo vieja,
> Esta vieja casa deja entrar la lluvia,
> Esta vieja casa deja entrar el frío;
> Puesto de rodillas me estoy congelando
> Pero no siento miedo o dolor,
> Porque veo un ángel asomando por
> El cristal roto de una ventana.

Ya no necesitaré esta casa por más tiempo,
Ya no necesitaré más esta casa;
Ya no tengo tiempo para arreglar las tejas,
Ya no tengo tiempo para arreglar el piso,
Ya no tengo tiempo para aceitar las bisagras
ni para reparar el cristal de la ventana;
Ya no necesitaré esta casa por más tiempo,
¡Me estoy alistando para reunirme
    con los santos![8]

La gramática de la canción no es muy ejemplar, pero la
actitud que expresa me emociona el corazón cada vez que la
oigo. De vez en cuando imagino que hay un ángel asomado
por una parte herida de mi corazón, guiñándome el ojo y
asintiendo con su pequeña cabeza, asegurándome de nuevo
que «me estoy alistando para reunirme arriba con los santos». Sabiendo que me esperan maravillas en el cielo no tengo
ningún temor de morir, porque sé que...

Cuando ellos lancen estos huesos a tierra
Estaré viviendo en el otro lado.[9]

Me estimula un poco el solo pensar en cambiar nuestros
desgastados cuerpos terrenales por nuevos modelos. Joni
Eareckson Tada dice: «Este pensamiento único hace que el
esfuerzo en la tierra no solo sea soportable sino más suave».
Joni compara nuestras nuevas vidas en el cielo con lo que su
yegua solía sentir cuando finalmente se dirigía a casa:

Puedo recordar cómo, después de horas de cabalgar
en mi yegua para revisar puertas y cercas, mi cansada
montura se empapaba de sudor y el animal mante-
nía la cabeza colgada. Tenía que obligarla a poner
una pata delante de otra. Entonces, tan pronto como
de casa le llegaba un olorcillo o reconocía las cercas
de su propio potrero, sus orejas se levantaban y su
paso se aligeraba. Mientras más nos acercábamos,

más ansioso era su trote. Después de desensillarla rápidamente se revolcaba alegremente en el polvo y tomaba largos y profundos sorbos en el abrevadero. Cuán agradable es para una bestia estar en casa y poder descansar.

Cuán agradable será para nosotros descansar, estar en casa.[10]

Un ganador garantizado

Los cristianos, sin importar lo que nos suceda aquí, ¡vamos a salir vencedores en el otro lado! Como lo dijera alguien:

> Dios cree en mí, por tanto mi situación no es
> desesperanzada.
> Él camina a mi lado, por tanto nunca estoy solo.
> Dios está conmigo, por tanto no puedo perder.

Esa promesa se hizo realmente cierta para mí el año pasado por algo que sucedió en un congreso de Mujeres de Fe en la costa oriental. Cuando llegó mi turno de hablar a las dieciséis mil mujeres asistentes mostré un pequeño botón distintivo que decía: «Alguien a quien Jesús ama tiene SIDA».

Alguien a quien
Jesús ama tiene
SIDA

El botón distintivo es en realidad un corolario de otra idea concisa que se ha convertido en una moda nacional: las iniciales «¿WWJD?», adornan todo, desde joyas hasta placas de automóviles y preguntan «¿What would Jesus do?» [¿Qué haría Jesús?] Relacionando las dos ideas pregunté a la audiencia: «¿Qué haría Jesús?» cuando venga a ocuparse de quienes se podrían considerar marginados, especialmente homosexuales y otros afligidos con VIH y SIDA. Por supuesto, la respuesta es que Él los amaría.

Es muy fácil *decir* con mucha labia que aplicamos el principio «¿WWJD?» a nuestras vidas. Quizás podríamos señalar la vez que pasamos tiempo como voluntarias en la guardería de la iglesia. O tal vez dejamos que alguien se atraviese frente a nosotros en un tráfico pesado, o cuando depositamos una moneda en el balde rojo del Ejército de Salvación en época navideña. Incluso podría ser posible volvernos un poco petulantes al pensar que estamos haciendo lo que haría Jesús. Sin embargo, ¿qué hay con esas situaciones que no son tan perfectas y nobles? ¿Qué de nuestro trato con las personas que están en la miseria y fuera de lo establecido? Ese es el asunto que surgió para algunas de nosotras en el congreso reciente.

Exactamente después de hablar y mostrar el botón SIDA y hablar de que «¿WWJD?» sería la pauta para toda vida, me metieron a empujones al comedor de conferenciantes para comer algo. De repente nuestra querida directora, Christie Barnes, entró al salón dando saltos, con sus hermosos ojos cafés agrandados como platos. ¡Dijo abruptamente que en la parte alta había una mujer de la concurrencia principal que amenazaba con suicidarse si no conseguía ayuda! Christie me explicó que la suicida, Toni, era una prostituta en esa ciudad y que tenía SIDA. Toni temía que su proxeneta, que ya la había baleado y acuchillado cuando antes intentó abandonarlo, estuviera intentando encontrarla.

Era evidente que Toni había dormido la noche anterior en un contenedor de basura y que había caminado algunos kilómetros para asistir al congreso. Una dama agradable y bien vestida se había hecho su amiga en las afueras del coliseo y otra le dio una entrada para que escuchara el programa.

Toni se inquietó e insistió en hablar conmigo después de oírme hablar sobre «¿WWJD?» y del amor a los que tienen SIDA. Cuando supo que yo no volvería a mi exhibición de libros porque los habíamos vendido todos, comenzó a insistir a gritos que *debía* verme. Algunas damas del personal de Mujeres de Fe en la concurrencia intentaron hablar con ella, pero Toni no les hizo caso. Comenzó a armar un jaleo y a amenazar con suicidarse.

La fuerza de seguridad del coliseo se hizo presente, los consejeros de las Clínicas Nueva Vida se pusieron a la orden y llamaron a la policía. Sin embargo, con todos esos profesionales que PODÍAN ayudarla, la mujer estaba aparentemente decidida a hablar CONMIGO, ¡por sobre todos los demás! Finalmente una dama del personal se puso en contacto con Christie, quien se escurrió para transmitir las demandas de la mujer.

Rápidamente me reuní con otras colaboradores en Mujeres de Fe y con mi asistente, y nos dirigimos a uno de los vestuarios del coliseo donde Christie había llevado a la alta, desarreglada y desaliñada mujer. Tenía aproximadamente treinta y cinco años, usaba apretados pantalones cortos, una camiseta sucia y una gorra de béisbol. Nos sentamos en un sillón de la sala y pedí a Toni que nos dijera lo que pasaba. Se tomó su tiempo en apaciguarse y al fin soltó la historia de su difícil vida como prostituta y su desesperada necesidad de escapar de su violento proxeneta. Ella estaba segura de que la mataría si la encontraba. Luego se subió la manga del pantalón y nos mostró la herida de bala donde antes le había disparado. Era un hueco del tamaño de una ciruela; parecía un pequeño embudo incrustado en su muslo. Después nos mostró una cicatriz al lado de la cara, que había sido su último ataque con cuchillo.

Sabiendo que ella tenía SIDA miré a las otras mujeres que horrorizadas escuchaban la historia. En los veinte años que

he estado involucrada en Ministerios Espátula he tenido
muchos contactos con víctimas de SIDA, y he conocido personas con historias increíblemente brutales. Pero sospeché
que ninguna de esas otras mujeres ni siquiera había hablado
antes con una prostituta, y menos una con SIDA. Viendo sus
rostros compungidos por la tierna compasión y observando
cómo se extendían una y otra vez para abrazar a la temblorosa mujer, me asombraba ver lo que les estaba sucediendo.

Toni dijo que desesperadamente quería salir de su vida
de prostitución. Quería volverse cristiana, pero tenía que
huir de su proxeneta. Esperaba lograrlo yéndose a Chicago
donde tenía familia que la protegería y donde estaría segura.

Cuando terminó su historia le ofrecí mi más animadora
sonrisa y le di el pequeño botón que mostré durante mi
charla, en que decía: «Alguien a quien Jesús ama tiene SIDA».
Con manos temblorosas lo aseguró a su sucia camiseta y
comenzamos a hablar sobre cómo podría salir de esa vida.
Le recordé que Jesús la amaba y que le podría dar un nuevo
corazón y una nueva vida. Ella obviamente agarró estas ideas
sin reservas e inmediatamente oró con nosotras para aceptar
a Cristo como su Salvador. Todas nos unimos jubilosas a ella
diciendo en voz alta: «¡Amén!»

Sin embargo, había algo más que hacer y se tenía que hacer
con rapidez. Toni olía mal y estaba sucia por haber dormido
en el contenedor de basura la noche anterior. Por tanto lo
prioritario era una ducha. Las demás mujeres buscaron rápidamente las cosas que ella necesitaría. Una de las compañeras corrió a buscar jabón, champú y toallas, e hizo una colecta
para comprarle un tiquete de autobús para Chicago. Otra se
fue velozmente a conseguir algo de ropa entre las vendedo-
ras en el congreso: camiseta, falda de algodón, buzo y todo
lo demás de tamaño mediano.

Mientras tanto la llevé a las duchas para iniciar la misión
de limpieza. Mis antiguos hábitos bautistas salieron a relucir
cuando estábamos en la ducha, y por un instante pensé que
tal vez la podría bautizar allí mismo. Pero era demasiada
locura, con el agua manando por todas partes desde cincuenta

chorros prominentes de agua que salían de un enorme poste en el centro del cuarto.

Cuando Toni entraba a las duchas vi una enorme herida abierta que iba desde su cuello, bajaba por el pecho y llegaba hasta el esternón; se veía reciente y sin tratamiento. «Realmente necesitas que un médico te vea esa herida», le dije, pero ella protestó, diciendo que si no salía de la ciudad obtendría más lesiones que una simple herida de cuchillo. Después se sentó tranquilamente en un banquito mientras yo le ponía champú a su cabello y lo restregaba.

Aquí tengo que insertar una observación personal. Bill y yo habíamos estado lejos del hogar por dos semanas cuando comenzó este congreso. Al salir de casa sabía que tal vez no tendría una oportunidad de hacerme arreglar el cabello. Por eso había comprado una peluca, por si había una «emergencia». Cuando me miré en el espejo esa mañana decidí que era un día de EMERGENCIA (¡ni siquiera lo imaginé!) De modo que allí estaba en el cuarto de duchas con Toni, usando mi peluca y rociándonos por todas partes con los chorros de agua. ¿Sabe usted lo que hace una peluca cuando la usa en un cuarto de duchas con agua caliente cayéndole encima? Pues bien, ¡se encoge como pequeñas salchichas crespas! Pero para ese momento ni siquiera lo había notado porque estaba concentrada en restregar el cabello de Toni y llevarla a su nueva vida.

A los pocos minutos llegaron las otras compañeras con todo lo necesario: ropa, un cepillo para el cabello y dinero suficiente para comprar el tiquete de autobús. Al poco rato Toni tenía el cabello limpio, el cuerpo limpio y ropas limpias estampadas con «Mujeres de Fe». Luego nos reunimos otra vez alrededor de ella, con las manos entrelazadas en los hombros y oramos. Pedimos a Dios que diera a Toni un corazón limpio. «Gracias, amado Señor, por darnos a *todas* nosotras un inicio fresco y un nuevo comienzo cada día y todos los días —oramos—. Y gracias por traernos a Toni para que pudiéramos compartir el fresco inicio que ella comienza en ti ahora».

En ese momento la ex prostituta estaba en situación de ganadora a ganadora. Si escapaba, subía al autobús y se reunía con su familia en Chicago tendría un nuevo principio, un pasado perdonado y una nueva vida para servir al Señor. Ella podía saber que Dios ya no le veía su pecado, porque lo había quitado «tan lejos como es el oriente del occidente». Ahora podía comenzar una nueva vida con un futuro limpio y brillante.

Pero si el proxeneta agarraba de nuevo a la mujer (incluso si la mataba, como temía), ella estaría *segura en los brazos de Jesús*. A partir de ese momento su vida estaba escondida en Cristo. Si moría, iría inmediatamente a la presencia de Dios porque su nueva fe en Cristo la transportó al cielo para vida eterna. ¡DE TODAS MANERAS ERA UNA GANADORA!

«Si vas al cielo antes que yo —le dije con una sonrisa—, empiezas a pulir esas puertas de perlas, porque yo llegaré al poco tiempo».

Luego llegó el momento de partir. Comenzamos a caminar hacia la puerta, pero Toni se detuvo de repente con los ojos bien abiertos. «¡Mi botón!» dijo, tocándose el pecho donde había adherido el botón SIDA a su vieja camiseta. Corrió al pote de basura y lo sacó de la vieja y sucia camiseta que había desechado cuando entró a la ducha. Sonrió entre lágrimas mientras lo adhería a su nueva blusa Mujeres de Fe, y todas la abrazamos una vez más.

Caminamos con Toni a través de la pequeña multitud que se había reunido fuera del vestuario: guardias de seguridad, consejeros y trabajadoras de Mujeres de Fe que esperaban para ver lo que sucedía. También esperaba el funcionario de policía que habían llamado. Este le había dicho a una de las trabajadoras que había arrestado antes a la mujer por prostitución y que sabía que ella tenía «problemas con su proxeneta». Supusimos que pensaría que éramos unas tontas por correr tan emocionadas en ayuda de esta mujer pobre y degenerada.

Se llamó un taxi y ayudamos a Toni a moverse con dificultad por la plaza del coliseo y subir al asiento, dándole instrucciones al taxista de llevarla directamente a la terminal de autobuses. Luego el taxi se alejó y la despedimos agitando los brazos, sobrecogidas por la transformación que se había realizado exactamente ante nuestros ojos: cuerpo limpio, ropa limpia, corazón limpio, ¡UNA NUEVA MUJER!

Todo esto había ocupado algún tiempo y tuve que apurarme para regresar a la plataforma y unirme a las demás oradoras para despedirnos de las mujeres en el congreso. Fue entonces cuando me di cuenta de lo que había sucedido a mi «cabello». Estoy segura de que era un panorama bastante digno de contemplar: la mitad de mi peluca suave y esponjosa y el otro lado encogido en rizos enmarañados en forma de pequeñas salchichas.

El programa terminó y salimos por una puerta reservada para las conferenciantes. El mismo funcionario policial estaba allí de pie. Cuando llegué ante él, sacó su brazo como si fuera a detenerme, y pensé: *¡Cielos! ¿Ahora qué?* Pero sus palabras fueron muy especiales. Se inclinó para decirme al oído en alta voz a fin de que pudiera oírlo por sobre el volumen de la música: «Gracias por lo que hizo por esa mujer. Probablemente le salvó la vida».

Sus palabras llegaron como una sorpresa, porque habíamos asumido que él pensaba que éramos tontas al tratar de ayudarla. Aquí estaba, ¡tan conmovido por toda la aventura como lo estábamos nosotras!

Tal vez nunca sepamos el resultado final de esta historia. No sabemos si Toni logró ir a Chicago o si murió a manos de su proxeneta. Solo Dios da el resultado final cuando se acaba el juego. Para Toni el juego *no* ha terminado. Lo que SÍ sabemos es que ese día cambiaron las vidas de las otras mujeres que estaban en el vestuario mostrando el mensaje «¿WWJD?» Ninguna de las otras mujeres habían tenido la oportunidad de abrazar a una vagabunda, una mujer con SIDA que salió de un contenedor de basura para tocar sus vidas. Algunas de ellas quizás ni siquiera sabían lo que es un proxeneta, ¡y seguramente nunca habían abrazado a una prostituta! Pero allí estaban, ministrándole con amor y preocupación, orando por ella, abrazándola, enviándola y cubriendo con gran simpatía sus necesidades.

Cuando Dios puede tomar una vida deshecha y agrietada, y transformarla mediante otros que están haciendo lo que Jesús haría... ese es el verdadero examen de «¿WWJD?» Sé que esto cambió aspectos en MI vida y que todas esas mujeres que ayudaron también experimentaron un cambio. Ellas apreciaron la oportunidad de realmente HACER algo que Jesús haría por esa alma herida y adolorida.

Solo Dios sabe el resultado final. Deuteronomio 29.29 dice: «Las cosas secretas pertenecen a Jehová». Es posible que no sepamos toda la historia hasta que lleguemos al cielo. Todo pudo haber sido una farsa, como una manera de sacar ventaja de los corazones amables de otros. Pero creo firmemente que sin importar lo que suceda a Toni, Dios ya usó la experiencia para algo bueno. La impresión que ese incidente causó en esas queridas ayudantes del congreso Mujeres de Fe (también como en muchos de los que se reunieron fuera del vestuario) perdurará para siempre. Ahora han tenido un sabor real al hacer lo que Jesús haría bajo condiciones estresantes... y nunca serán las mismas.

¡Listas a salir!

La experiencia con la prostituta también reforzó en nosotros el hecho de que como cristianos debemos estar listos para *cualquier cosa*. Si la vida nos ofrece un desafío que no podemos vencer aquí en la tierra, ¡sin embargo, estaremos en la cima celestial! ¡Ganamos, no importa qué! Ese es el regalo que compartimos con Toni en el vestuario: la seguridad de la victoria es suya, no importa quién (o *qué*) gane la carrera aquí en los pozos sépticos de la vida. El secreto es estar listos. Por años he conservado un poema que tan solo lleva esa advertencia. Apareció en un libro anterior y quiero incluirlo una vez más para usted en este volumen. El poema se enfoca en estar preparados para el regreso del Señor:

> Fue la noche antes de que Jesús llegara a toda
> la casa.

Ninguna criatura estaba orando, ninguna en
    toda la casa.
Sus Biblias yacían descuidadas en el estante
Con esperanzas de que Jesús aun no llegaría.

Los niños vestidos para dormir estaban,
Ni una vez se arrodillaron ni inclinaron la
    cabeza.
Y mamá en su mecedora con el bebé
    en el regazo
Veía el último programa mientras yo dormía.

Cuando allí del este surgió un traqueteo,
Salté de la cama para ver qué sucedía.
Hacia la ventana volé como un rayo
¡Abrí las cortinas con toda mi fuerza!

Ante mis asombrados ojos aparecerían
¡Ángeles proclamando que Jesús estaba allí!
Con luz como de sol con un rayo brillante,
¡Al momento supe que este debe ser EL DÍA!

La luz de su rostro me hizo cubrir la cabeza.
¡Era Jesús! Que regresaba tal como dijo.
Y aunque yo tenía sabiduría y riquezas de este
    mundo,
Lloré cuando lo vi, con pesar de mí mismo.

En el Libro de la Vida, que sostenía en su mano,
estaba escrito el nombre de todo hombre salvo.
No pronunció palabra mientras buscada el mío;
Cuando dijo: «No está aquí», bajé el rostro
    con vergüenza.

A las personas cuyos nombres habían sido
    escritos con amor
reunió para llevarlas arriba con su Padre.

En silencio subió con los que estaban listos
Mientras el resto permaneció de pie.

Caí de rodillas, mas tarde ya era;
Esperé demasiado, lo que selló mi destino.
Permanecí de pie y lloré al verlos perderse
    de vista;
¡Cielos, si esta noche hubiera estado listo!

En las palabras de este poema el significado
    es claro;
La Venida de Jesús está muy cerca.
Hay solo una vida, y luego viene el último
    llamado.
¡Después de todo, descubriremos que la Biblia
    decía la verdad![11]

La Segunda Venida

Estas antiguas palabras del Apocalipsis hacen eco a la advertencia del poema con un «Amén» en voz alta.

He aquí que viene con las nubes, y todo ojo le verá,
y los que le traspasaron; y todos los linajes de la
tierra harán lamentación por Él. Sí, amén.[12]

Cuando Jesús regrese, toda persona sobre el planeta verá «al Hijo del Hombre viniendo sobre las nubes del cielo, con poder y gran gloria. Y enviará sus ángeles con gran voz de trompeta, y juntarán a sus escogidos, de los cuatro vientos, desde un extremo del cielo hasta el otro».[13] Charles Wesley lo describe de manera vívida en la letra de este poema musical:

¡He aquí! Él viene descendiendo en las nubes,
Una vez por nuestra salvación fue muerto;
Millares de miles de santos engrosan el cortejo
    de su triunfo;

¡Aleluya, aleluya! El Señor viene a reinar en la
  tierra.

¡Sí, amén! Que todos te adoren
Arriba en la eternidad de tu trono,
Toma Señor el poder y la gloria,
Reclama el reino de tu propiedad.
¡Oh, ven pronto, no tardes
¡Aleluya, ven Señor, ven!

¿No le encantan estas líneas? Cuando a veces estoy tara-
reando esa hermosa melodía le añado mi propia petición:
*¡Ven rápidamente, Señor! No es que no haya disfrutado esta vida
que me diste. ¡La he disfrutado! A pesar de todos los tiempos
difíciles, los obstáculos en el camino y las veces que he estado
embarrada hasta el cuello, la he disfrutado y he intentado extraer
hasta lo más mínimo que he podido. Estoy muy agradecida, Señor,
pero no estoy lista. Mantengo mis oídos espirituales sintonizados
a la frecuencia celestial, de tal manera que ya esté en camino cuando
escuche esas primeras notas de tu poderosa trompeta.*

Encuéntreme en la entrada al cielo

El Señor viene pronto. Hay una parte de mí que anhela
apurarme y ser la primera en la fila de la entrada al cielo. Sin
embargo, hay otra parte de mí que quiere apreciar todo
instante de esa transición de la tierra al cielo. Algunas veces
pienso que seré disparada al cielo como un cohete, y otras
veces mi esperanza es que puedo flotar suavemente como
vapor que se levanta hacia el sol. Ruth Bell Graham expresó
tan maravillosamente bien estos sentimientos en uno de sus
poemas, que le he pedido permiso para usarlo al cerrar este
libro. Lea despacio las palabras y deje que la espectacular
imagen se forme en su mente...

Cuando yo muera
espero el ascenso de mi alma
lento, de modo que

pueda ver la tierra retrocediendo
ante mi vista,
empequeñeciendo su grandeza
mientras asciendo,
saboreando con delicia
su retroceso.
La alegría anticipada
es un gozo real.
Una alegría inenarrable
y llena de gloria
necesita más
que «en un abrir y cerrar de ojos»,*
Más que «en un instante».
Señor ¿quién soy yo
para no estar de acuerdo?
Es solo que tenemos mucho
que dejar atrás;
demasiado... Antes.
Estos momentos
de transición
serán para mí
tiempo
para adorarte.[14]

1 Corintios 15.52

¡Con cuánta ansiedad espero el «inenarrable gozo» celestial! ¿Y usted? ¿Está listo para ese sonido de trompeta? ¡Seguramente no será muy largo! Como lo dijera una amiga: «¡Te veré aquí, allá, o en el aire!»

Algún día cercano *Él hará sonar la trompeta, ¡e inmediatamente saldré pitando de aquí!*

Reconocimientos

Muchas gracias por los chistes, poemas, letras de canciones y locas «salpicaduras de gozo» en este libro, que hemos participado a otras escritoras y amigas. Hemos hecho esfuerzos diligentes para identificar todas las fuentes originales, pero esta es a veces una tarea imposible. Otras veces nuestra investigación revela multitud de fuentes para el mismo artículo. Muchos chistes e historias se encuentran en colecciones como *The Best of Bits & Pieces* y *More of the Best of Bits & Pieces*, ambos publicados por Economics Press, Fairfield, New Jersey, y *The Speaker's Quote Book* de Kregel Publishing, Grand Rapids, Michigan. Siempre que la fuente de un artículo inidentificado en este libro se pueda identificar *positivamente*, por favor, póngase en contacto con Editorial Betania, 3220 SW 25 St. Miami, Fl. 33133 para darle el crédito adecuado en futuras impresiones.

Un reconocimiento de gratitud también para:

«Hallelujah Square,» © 1969, por Ray Overholt Music. Usado con permiso.

Notas

Capítulo 1. ¡Tenemos un pasaje de ida al Paraíso!

1. Albert E. Brumley, «*I'll Fly Away*» [Volaré], ©1932 en Mensaje maravilloso por Hartford Music Co. Renovado en 1960 por Albert E. Brumley & Sons/SESAC (administrado por ICG). Todos los derechos reservados. Usado con permiso.

2. Herbert Buffum, «*I'm Going Higher Someday*» [Algún día voy a ascender], arr. Alfred B. Smith. Copyright ©1981 por Alfred B. Smith. Todos los derechos reservados. Usado con permiso.

3. Oswald Chambers, *My Utmost for His Highest*, Discovery House, Grand Rapids, Julio 29, 1935.

4. Mateo 24.30, Apocalipsis 1.7, énfasis añadido.

5. Chambers, *Ibid*.

6. Joni Eareckson Tada, *Heaven ... Your Real Home* [El cielo ... tu verdadero hogar], Zondervan, Grand Rapids, 1995, p. 198.

7. H.L Turner, «Christ Returneth».

8. 1 Tesalonicenses 4.16-17.

9. Charles Ryrie en *Ten Reasons Why Jesus Is Coming Soon: Christian Leaders Share Their Insights* [Diez razones por las que Jesús viene pronto: Líderes cristianos comparten sus puntos de vista], comp. John Van Diest, Multnomah, Sisters, Ore. 1995, p. 190.

10. Tim La Haye y Jerry Jenkins, *Left Behind*, [Dejados Atrás], Tyndale, Wheaton, Ill. 1995, p. 16.

11. Joni Eareckson Tada, citada en *A Place Called Heaven*, [Un lugar llamado cielo], comp. Catherine L. Davis, Chariot Victor, Colorado Springs, 1997.

12. Salmos 71.14.

13. Kay Hively y Aobert E. Brumley Jr., *Y'll Fly Away*, [Yo volaré], Mountaineer Books, Branson, Mo. 1990, p. 134.

14. Salmo 90.10, énfasis agregado.

15. *St. Petersburg* (Florida) *Times*, 7 de septiembre de 1998, p. 10.

16. Dion De Marbelle, «When They Ring Those Golden Bells» («Cuando toquen esas campanas doradas»).

17. Alguien me envió esta cita del sermón de Randy Alcorn, «*What Does the Bible Say About Heaven?*» [¿Qué dice la Biblia acerca del cielo?], publicado en Internet.

18. Peggy Andersen, «Compañía de Seattle hace reservaciones para un viaje en cohete» artículo de la Prensa Asociada en un recorte sin fecha del *Orange County Register*.

19. Adaptado de *The Best of Bits & Pieces*, comp. Arthur F. Lenehan, Economics Press, Fairfield, N.J., 1994, p. 16.

20. Clifford Pugh, *Houston Chronicle*, «La paciencia casi no se usa en la sociedad de hoy día», publicado el 9 de julio de 1997 en el *Denver Post*.

21. Frederick Buechner, *Whistling in the Dark*, citado en The Answer to Happiness, Health, and Fulfillment in Life; The Holy Bible Translated for Our Time con Selected Writings by Leading Inspirational Authors (The Answer Bible), Word, Dallas, 1993.

22. Billy Graham, *Storm Warning*, Word, Dallas, 1992, p. 312.

23. Stuart K. Hine, «¡How Great Thou Art!» Copyright 1953 S. K. Hine. Asignado a Manna Music, Inc., 35255 Brooten Road, Pacific City, OR 97135. Renovado 1981. Todos los derechos reservados. Usado con permiso. (ASCAP)

24. Adaptado de *Reader's Digest*, junio 1998.

25. *The Last Word: Tombstone Wit and Wisdom*, comp. Nicola Gillies, Dove Tail Books, Oxford, England, 1997.

26. *Prairie Home Companion's Pretty Good Joke Book*, vol. 3, Minnesota Public Radio, St. Paul, 1998, p. 5.

27. *Ibid.*, p. 7.

28. «The Good, Clean Funnies List», P.O. Box 12021, Huntsville, Alabama 35815.

29. *More of the Best of Hits & Pieces*, comp. Rob Gilbert, Ph.D., Economics Press, Fairfield, N.J., 1997, p. 40.

Capítulo 2. Transportado por la música

1. W. O. Cushing, Ira D. Sankey, «Under His Wings».

2. Esposa de Will L. Murphy, «Constantly Abiding».

3. Kim Noblitt, «If You Could See Me Now», © 1992 Alabanza integral. Música /BMI. Todos los derechos reservados. Usado con permiso.

4. Robin Hinch, «Giesela Lenhart voló a su hogar mientras alababa a Dios», *Orange County Register*, 21 de marzo de 1998, Metro-6.

5. Johnson Oatman y John R. Sweeney, «Santo, Santo, Santo es lo que los ángeles cantan».

6. Al Smith, *Treasury of Hymn Histories*, publicado en 1982 por «Praise Resources», 2200 Wade Hampton Blvd., Greenville, SC 29615.

7. Kenneth Osbeck, *Maravillosa gracia*, Kregel, Grand Rapids, 1990, p. 47.

8. Martin Lutero, *Lo que dice Lutero*, citado en *The Answer Bible*.

9. Smith, *Treasury of Hymn Histories*.

10. Fuente desconocida.

11. Adaptada de una historia por Kirsten Jackson en *Christianity Today*. Fecha desconocida.

12. Fuente desconocida.

13. 1 Crónicas 16.32-33.

Capítulo 3. Que las campanas de gozo del cielo repiquen en tu corazón hoy

1. W. O. Cushing, «Ring the Bells of Heaven».

2. Véase Éxodo 28.33; 39.25 y Zacarías 14.20.

3. Kenneth W. Osbeck, *101 historias de himnos*, Kregel, Grand Rapids, 1982, pp. 76-77.

4. «El Ejército de Salvación recibe 80 millones de Kroc», *Orange County Register*, septiembre de 1998.

5. Joyce Landorf, *Mourning Song*, Baker, Grand Rapids, 1974, pp. 52-53.

6. Joey O'Connor, *Heaven's Not a Crying Place: Teaching Your Child about Funerals, Death and the Life Beyond* [El cielo no es un lugar para llorar: Enseñe a sus hijos sobre

funerales, muerte y la vida más allá], Revell, Grand Rapids, 1997, citado en la revista *Focus on the Family*, agosto 1998, p. 7.

7. Génesis 19.27; Éxodo 16.7; 34.4; 2 Samuel 23.3-4; Job 1.5; Salmos 5.3 e Isaías 26.9.

8. Marcos 1.35; Lucas 21.38.

9. Adaptado de la historia de Peter Marshall contada por Jeanne Hendricks en *A Place Called Heaven*, comp. Catherine L. Davis, Chariot Victor, Colorado Springs, 1997, p. 70.

10. Proverbios 25.2 y Deuteronomio 29.29.

11. Este epitafio, utiliza una porción de Filipenses 1.23 es citado en Gillies, *The Last Word* [La última palabra], p. 25.

12. *The Best of Bits & Pieces*, 130.

13. Salmos 81.8.

Capítulo 4. Ponle un geranio a tu corona estrellada

1. E.E. Hewitt y John R. Sweeney, «I Am Thinking Today».

2. Filipenses 4.12-13 (traducción).

3. 1 Corintios 9.25.

4. 2 Timoteo 4.7-8.

5. Santiago 1.12.

6. 1 Pedro 5.4.

7. 1 Tesalonicenses 2.19.

8. 1 Corintios 9.24-25.

9. 1 Pedro 5.6 y Juan 21.15.

10. Dennis Prager, «A Simple Truth about Happiness», *Reader's Digest*, junio 1998, p. 99.

11. Henri Nouwen, *Here and Now* [Aquí y ahora], Crossroad, New York, 1994, 1997, p. 28.

12. *Ibid.*, pp. 28-29.

13. *Ibid.*, pp. 29.

14. Apocalipsis 12.1.

15. Norman Vincent Peale, citado en «Quips, Quotes, Quibbles, & Bits», *Tampa Tribune*, 2 de junio de 1998.

16. Mateo 5.16.

17. Adaptado de Stephen Cassettari, *Pebbles on the Road*, HarperCollins/Angus 7 Robertson, New York, 1993, reimpreso en *Bits & Pieces*.

18. *More of the Best & Pieces*, pp. 33-34.

19. Nouwen, p. 31.

20. 1 Juan 4.15-17.

21. Salmos 149.4.

22. Roy Zuck, ed., *The Speaker's Quote Book*, Kregel, Grand Rapids, 1997, p. 340.

23. Tony Campolo, citado en *From A to Z Sparkling Illustrations*, comp. Graurorger & Mercer, Baker, Grand Rapids, 1997, p. 114.

24. *The Best of Bits & Pieces*, p. 103.

25. Proverbios 14.24.

Capítulo 5. ¡Por fin, fabulosamente hogar!

1. «Mansion Over the Hilltop», copyright 1949, Singspiration Music (administrada por Brentwood-Benson Music Publishing, Inc.) Todos los derechos reservados. Usado con permiso.

2. En el original en inglés, las letras son HH y corresponden a las palabras Heaven's Highway (nota del traductor).

3. Ray Overholt, «Plaza Aleluya», copyright 1969 por Ray Overholt Music. Usado con permiso.

4. Adaptado de la revista *Chapel Bells*, Otoño 98, pp. 6-7.

5. «Aun la madera lleva palabras de amor», Episcopal Life, junio de 1998.

6. Alguien me contó esta historia en una entrevista con Reeve Lindbergh en «Morning Edition» de la Radio Pública Nacional, el 21 de octubre de 1998, donde se habló de su libro, *Under a Wing*, Simon & Schuster, New York, 1998.

7. Augustus Montague Toplady, «Roca de la eternidad».

8. La foto acompañaba un reporte de Karen Grosse, miembro de la junta de la Región 9 CBA aparecida en *Marketplace*, agosto de 1997, p. 26. Aquí se usa con permiso de Karen y Ron Grosse.

9. Mateo 11.28.

10. Foto de The Associated Press, *Baton Rouge*, La., *Advocate*, 20 de febrero de 1998, p. 18A.

11. Margaret Guenther, «El plan de Dios supera nuestra mejor imaginación», *Vida episcopal*, julio/agosto 1993, p. 20.

12. Esta historia, originalmentre contada por Al Smith, se usa aquí con su permiso.

13. *El cristiano*. citado en Zuck, *Libro de citas del predicador*.

14. *Parábolas, etc.*, citado en Zuck, *Libro de citas del predicador*.

15. «Un-real state» en la columna «Off the Wall», *San Juan*, New Mexico, *Sun*, 2-8 de julio de 1997.

16. Juan 14.1-3.

Capítulo 6. Ángeles que me cuidan

1. Johnson Oatman y John R. Sweeney, «Santo, Santo, Santo, cantan los ángeles».

2. Afirmación de Billy Graham tomada de la transmisión del programa *Larry King Live* en CNN, el 26 de octubre de 1998.

3. Lucas 16.22.

4. Mateo 24.30-31.

5. Brian Sibley, *C.S. Lewis Through the Shadowlands*, Revell, Grand Rapids, 1995, 1994, p. 154.

6. Martha McCrackin, cita de Zuck en *The Speaker's Quote Book*.

7. Apocalipsis 5.11.

8. «La doctrina de los ángeles», en Dr. H.L. Willmington, *Willmington's Guide to the Bible*, Wheaton, Ill., Tyndale, 1981, p. 776. Entre los pasajes bíblicos citados están Job 38.7; Salmos 148.1-3; Apocalipsis 9.1-2; 12.3,4,7-9.

9. George Howe Colt, «En busca de ángeles», revista *Life*, diciembre de 1993, p. 65.

10. Génesis 3.24.

11. Tada, pp. 66-67.

12. *Ibid.*, pp. 54-55.

13. *Ibid.*, p. 70.

14. Hebreos 13.1-2.

15. Hebreos 1.14.

16. Billy Graham, *Ángeles: Agentes secretos de Dios*, Editorial Caribe, 1975, p. 35.

17. Salmos 34.7.

18. Millard y Linda Fuller, *The Excitement Is Building*, Word, Dallas, 1990, pp. 85-86.

19. Basado en información de Joan Colgan Stortz en *Niagara Falls*, Irving Weisdorf & Co., Markham, Ontario, 1994, 1995, 1998, p. 28.

20. Adaptado de *Bits & Pieces*, una publicación de Economics Press, 6 de noviembre de 1997, p. 24.

21. Citado en Sheldon Vanauken, *A Severe Mercy*.

22. *Our Daily Bread*, 17 de junio de 1998.

23. *Random Acts of Kindness*, introducción de Dawna Markova, Fine Communication, Nueva York, 1997.

24. Mary Hunt, *The Financially Confident Woman*, Broadman & Holman, Nashville, 1996, p. 170.

25. Tony Campolo, *It's Friday, but Sunday's Comin'*, Word, Dallas, 1993, p. 88.

26. Gary Smalley con John Trent, *Love Is a Decision*, Word, Dallas, 1996, p. 70.

27. Apocalipsis 3.5.

Capítulo 7. Ya nunca más necesitaré esta casa

1. Charles Wesley, «Tocad la trompeta».

2. Esta historia se sacó de un artículo de Fred Brown en Scripps Howard News Service, titulado «El camino de la cruz», *Cape Coral*, Fla. *Breeze*, 4 de noviembre de 1998, p. 8.

3. Mateo 7.14.

4. Eclesiastés 3.6.

5. Salmos 103.15-16.

6. 1 Corintios 15.52.

7. «Tendré una nueva vida», copyright 1940 Stamps/Baxter Music (administrado por Brentwood-Benson Music, Inc.) Todos los derechos reservados. Usado con permiso.

8. Stuart Hamblen, «Esta vieja casa» © 1954 Hamblen Music, renovado en 1982. Usado con permiso. Música disponible en Hamblen Music, Box 1937, Canyon Country, CA 91386.

9. Rich Cook, «Enterrado vivo». Usado con permiso.

10. Tada, 203.

11. «Fue la noche antes de que viniera Jesús» © 1985 Bethany Farms, Inc. Usado con permiso de Jeffrey Cummings, Bethany Farms, Inc., St. Charles, Missouri.

12. Apocalipsis 1.7.

13. Mateo 24.30-31.

14. Ruth Bell Graham, *Sitting by My Laughing Fire*, Waco, Texas, Word, 1977. Usado con permiso.

Otros títulos por Bárbara Johnson